Andreas Beutel

Die Blume des Lebens in dir

КОНА КОМПАКТ

Andreas Beutel

Die Blume des Lebens in dir

Inhalt

1. **Die Blume des Lebens** 7
   Um die ganze Welt 10
   Geheimnisse der Blume des Lebens 12
   Geschichte 14
   Thot 16

2. **Heilige Geometrie** 21
   Die Mysterienschule 22
   Echnaton 24
   Heilige Geometrie 26
   Der Urgrund und der Weltenbaum 28
   Dunkelheit 31
   Es werde Licht 35
   Tribüne 41
   Torus 44

3. **Das Ei des Lebens** 49
   Embryologie 52
   Musik, Chemie und anderswo 57

4. Die Saat und der Baum des Lebens   **59**
Der Baum des Lebens   62

5. Die Frucht des Lebens und Metatrons Würfel   **67**
Metatrons Würfel   71
Die platonischen Körper   72
Die Herkunft der Körper   78

6. Der Goldene Schnitt   **81**
Goldene Teilung   84
Wie unten   85
So oben   86
Fibonacci   88
Der Fibonacci-Mensch   93

7. Ein unendliches Blumennetz und die Mer-Ka-Ba   **95**
Wahrnehmung   101
Zwei Kreise   103
Der Goldene Kreis   105

Literaturhinweise   108

1. Die Blume des Lebens

Die Blume des Lebens ist ein sehr altes Symbol, das rund um die Erde zu finden ist. Auf den ersten Blick sieht es aus wie die Ansammlung von Kreisen, wie sie die meisten schon als Kind gerne gezeichnet haben. Nimmt man einen Zirkel und beginnt mit einem Kreis beliebiger Größe, kann man entlang seinem Umfang sechs weitere Kreise mit der gleichen Größe zeichnen. Eine einfache Blume entsteht. Fast jeder hat die Erinnerung, wie er als Kind fasziniert gewesen ist von dieser einfachen Schönheit, die sich mit einem guten Zirkel entfaltet. Je nach Geschicklichkeit konnte man das Muster beliebig mit neuen Kreisen erweitern, die außen angesetzt wurden, und das Ganze farbig ausmalen.

Bis vor zwanzig Jahren war die Blume des Lebens den meisten Menschen unbekannt. Niemand kannte diesen Namen, und kaum einer wusste, dass es dieses Symbol auf der Erde gibt. Anfang der Neunzigerjahre begann der Amerikaner Drunvalo

Melchizedek damit, Kurse unter dem Titel »Flower of Life« zu geben. In diesem Seminar wurde das Wissen um die Blume des Lebens zusammen mit der Geometrie dahinter und eine Meditation innerhalb eines geometrischen Körpers, der Mer-Ka-Ba, unterrichtet. Die Mer-Ka-Ba ist ein energetisches Feld um den menschlichen Körper herum, das seit Jahrtausenden in vielen Traditionen bekannt ist. Drunvalo sagte in diesem Seminar auch, dass die Zirkelblume weltweit zu finden ist. Da überhaupt zum ersten Mal über die Lebensblume gesprochen wurde, schien es zu diesem Zeitpunkt undenkbar, dass die Blume des Lebens so weit verbreitet ist. Je mehr die Arbeit von Drunvalo Melchizedek bekannt wurde, desto mehr Fotos und Funde tauchten auf, die zeigen, dass die Blume tatsächlich auf der ganzen Welt vorhanden ist.

Um die ganze Welt

Bis heute ist die Blume des Lebens auf jedem Kontinent außer der Antarktis gefunden worden. Eine der ersten bekannt
gewordenen Fundstellen ist der Osiris-Tempel in Abydos in
Ägypten, ein seltsamer und wichtiger Tempel, der hinter dem
berühmten Tempel von Sethos I. liegt. An mindestens zwei
seiner Säulen befindet sich die Blume des Lebens in mehrfa-
cher Ausfertigung (Abb. S. 8).

In ganz Ägypten gibt es mehrere weitere Fundstellen, an denen die Blume des Lebens zu finden ist und die sich meist
auf einen koptischen Ursprung zurückführen lassen. Es gibt
jedoch ein besonders bemerkenswertes Kloster mitten in
der ägyptischen Wüste, in dem das Prinzip des christlichen
Mönchtums und des Klosters erst erfunden wurde. Das Pau-

luskloster besitzt eine von vielen Pilgern besuchte Kapelle. Von den meisten unbeachtet, befindet sich in der Kuppel eine Zeichnung, die eine kleinere Ausgabe der Blume des Lebens, die sogenannte Saat des Lebens, darstellt.

Auch in Asien taucht die Blume des Lebens auf. In der Verbotenen Stadt in Peking stehen zwei Wächterlöwen. Der rechte Löwe symbolisiert die männliche Kraft und hält mit seiner Pranke eine Kugel fest, die die Einheit und Kraft des Reiches symbolisiert. Auf ihrer Oberfläche ist das Muster der Blume des Lebens, das die ganze Kugel umfasst, klar erkennbar. Auch in vielen indischen Tempeln oder an anderen religiösen Plätzen lässt sich die Blume des Lebens finden.

Selbst in Europa wird die Blume des Lebens auf vielen alten oder symbolträchtigen Fundstellen dargestellt. Sie ist ein beliebtes Muster aus der Volkskunst des 17./18. Jahrhunderts. Im Norden Deutschlands auf Rügen liegt der kleine Ort Altenkirchen. Bekannt ist seine Kirche aus dem 12. Jahrhundert, die noch einen Stein aus der Zeit einer früheren slawischen Kultur besitzt. Im Chor der Kirche befindet sich über dem Altar der innerste Kern der Blume des Lebens, die sechs Blütenblätter, als Stern an den Himmel gemalt. Ebenfalls auf Rügen in Bergen ist das Benedix-Haus mit der Saat des Lebens dekoriert. Weiter oben im Norden in Gotland, einer schwedischen Insel, gibt es unzählige Kirchen, die die Blume des Lebens als Ritzungen, Malereien und Holzschnitzereien zeigen (Abb. S. 9).

Geheimnisse der Blume des Lebens

Eine besonders schöne Blume befindet sich in dem alten Kloster Preveli auf Kreta (Abb. oben). Dort steht in der Mitte des Klosters eine Kapelle, die aus zwei Schiffen besteht und somit beinahe wie ein Gehirn mit seinen beiden Hälften aufgebaut ist. Jede dieser beiden Seiten trägt die Blume des Lebens als Ornament.

Bei näherem Hinsehen fällt auf, dass die Blume des Lebens unterschiedlich gezeichnet ist. Man kann eine der drei Achsen der Blume senkrecht oder waagerecht zeichnen. In dem Kloster auf Kreta ist die weibliche Gehirnhälfte mit einer waagerechten Achse gezeichnet (Abb. S. 13), bei der männlichen Seite mit einer senkrechten (Abb. S. 7), was ein Hinweis darauf ist, dass es zwei Arten der Blume des Lebens gibt.

Die oben aufgezählten Fundstellen sind nur eine ganz kleine Auswahl an weltweiten Orten, wo die Blume des Lebens gefunden worden ist. Doch schon dieser kleine Überblick zeigt, dass die meisten Fundstellen in Tempeln, Kirchen und Einweihungsstätten liegen. Es lohnt sich also, das Symbol einmal genauer anzusehen.

Geschichte

Die Blume des Lebens ist bekannt geworden durch Drunvalo Melchizedek, der in Amerika lebt und seinen spirituellen Weg Anfang der 70er-Jahre begonnen hat. Zunächst studierte er in Berkeley Physik. Kurz vor dem Diplom wechselte er das Fach und schloss ein Kunststudium ab. Nach dem Studium ging er nach Kanada, um ein Leben in der Natur zu suchen und sich mit Meditation zu beschäftigen. Im Laufe der Jahre studierte Drunvalo Melchizedek viele verschiedene Schulen, vom Sufismus über den Hinduismus bis hin zum Judentum und Islam, um das Gemeinsame hinter allen Religionen zu finden. Eines der Themen, das sich durch alle spirituellen Systeme zog, war die Heilige Geometrie. Diese Sprache er- möglicht Einblicke in eine Ebene höherer Wahrheit und Information, die mit ihren Energien Einfluss nimmt auf unsere Welt und ihre Formgesetze prägt. Die Ideenebene hat eine geometrische Struktur, die uns zu verstehen hilft, wie Realität überhaupt entsteht und wie die Wahrnehmung unserer festen und dichten Welt gebildet wird.

Auf dem Weg von einem Lehrer zum nächsten gelangte Drunvalo Melchizedek in Kanada zu einem Alchemisten, bei dem er zwei Jahre studierte. Aus der Sicht der Alchemie geht es bei der Verwandlung von Quecksilber oder Blei in Gold darum, das Bewusstsein der Menschen aus einem Zustand, der mit Blei assoziiert wird, in den Zustand des Christusbewusstseins zu transformieren, das verbunden ist mit dem ganzen Kosmos, allem Leben und dem Element Gold. Der Alchemist sieht in jeder chemischen Reaktion eine Entsprechung für Emotionen in unserer Alltagserfahrung und versucht zu verstehen, was sie bedeuten und was der höhere Sinn dahinter ist. So war für Drunvalo das Studium der Alchemie auch ein Studium verschiedener Meditationen, um das Bewusstsein zu reinigen und die Verwandlungsprozesse im Bewusstsein zu studieren. Bei einer dieser Meditationen kam er in Kontakt mit einem Wesen, das ägyptisch aussah, seltsam gekleidet war und einen dicken geflochtenen Zopf am Kinn trug. Dieses Wesen stellte sich nicht vor, begann eine kurze Kommunikation mit Drunvalo und verschwand wieder.

Thot

Nach dem kurzen Auftauchen dieser Wesenheit ging die Reise zu verschiedenen spirituellen Lehrern für Drunvalo weiter; es blieb jedoch das Verlangen, herauszufinden, wer dieses Wesen war, das ihm während der Meditation erschienen war. Zwölf Jahre später lüftete sich das Geheimnis: Seit 1984 erschien das Wesen regelmäßig und stellte sich als der ägyptische Gott Thot vor, der von allen ägyptischen Göttern den größten Einfluss auf unsere westliche Zivilisation bis in unsere heutige Zeit hat. Nach seinen eigenen Angaben hat er die Menschheit unter verschiedenen Namen seit 52.000 Jahren durch die Zeitalter begleitet und unterrichtet.

Zur Zeit von Atlantis war Thot ein König mit dem Namen Chiquetet Arlich Vomalites. Danach verlor sich seine Spur, und er lebte für längere Zeit zurückgezogen, um die weitere Entwicklung der Menschheit abzuwarten.

Vor ca. 6.500 Jahren begannen die ersten der alten Lehrer wieder aufzutauchen und die Menschheit zu unterrichten. Chiquetet Arlich Vomalites erschien in Ägypten unter dem Namen Thot und spielte in der ägyptischen Kultur eine maßgebliche Rolle. Für die Ägypter war Thot derjenige, der den Menschen die Schrift und das Wissen gebracht hat. Er besaß sehr viele Attribute, die sein Wirken kennzeichnen. Vor allem wird er der Begründer der Wissenschaft genannt. Wie viele ägyptische Götter wurde er mit Tierkopf dargestellt. Er ist an vielen Tempelmauern mit dem Kopf eines Ibisses, des Vogels, der Thot zugeordnet war, dargestellt.

Wie Thot sagte, wurde während der Zeit des Pharao Echnaton eine Mysterienschule etabliert, in der die Heilige Geometrie als Mittel verwendet wurde, um Menschen wieder einzuweihen in ein höheres Bewusstsein. Teil der Schulung war es, mit dem Studium der Blume des Lebens den Verstand wieder mit dem Herzen zu verbinden.

Nach dem Untergang der ägyptischen Kultur tauchte Thot in der Zeit Griechenlands mit dem Namen Hermes Trismegistos auf. Unter Hermes' Namen sammelte sich eine ganze Reihe von Schriften, die die ursprüngliche Philosophie Ägyptens beinhalten sollten. Das Studium dieser Schriften führte zur Hermetik und hat weite Teile der Alchemie, der Philosophie und der okkulten Wissenschaften beschäftigt.

Als »Corpus Hermeticum« wird eine Sammlung von Schriften bezeichnet, die ca. 100 bis 300 n. Chr. zusammengestellt wurde und Hermes Trismegistos zugeschrieben wird. Eine der bekanntesten Aussagen der Hermetik lautet, dass innen und außen sich gleichen, ebenso wie oben und unten. Ebenfalls auf Thot den Atlanter gehen die Smaragdtafeln zurück, die von einer Bruderschaft seit ca. 100 Jahren öffentlich weitergegeben werden.

Seit der Zeit von Ägypten gibt es einen nachweisbaren Strom von Schriften, Überlieferungen und Erscheinungen, die direkt oder indirekt mit der Person von Thot verbunden sind und über die Jahrhunderte viele Forscher, Mystiker und Alchemisten inspiriert haben. Es gibt unzählige Folgewerke und Menschen, die angeregt wurden, die Welt und die Geschichte aus einer höheren Perspektive heraus zu verstehen. In der Alchemie liegen die Grundlagen für die Chemie; in der Kosmologie von Thot ist eine der Quellen der Astrologie und der späteren Astronomie zu finden, die zu unserer heutigen Wissenschaft und Raumfahrt geführt hat.

Nachdem Toth Kontakt mit Drunvalo aufgenommen hatte, übermittelte Thot an ihn das gesamte System der ägyptischen Mysterienschulen. Anfang der Neunzigerjahre fing Drunvalo an, das Wissen, das er in verschiedenen spirituellen Schulen, von Thot und seiner inneren Führung gelernt hatte, an die Menschheit weiterzugeben. Damit tauchte die Blume des Lebens erstmals in der heutigen Zeit wieder in der Öffentlichkeit auf. Innerhalb von 20 Jahren sind sehr viele neue

Aspekte zum Verständnis der Blume des Lebens dazugekommen, die es wert sind, einen kleinen Blick auf dieses Symbol zu werfen.

2. Heilige Geometrie

Die Mysterienschule

Die Basis unserer allgemeinen Weltsicht ist polar. Obwohl die Grundannahme der Polarität hilfreich ist, die Welt zu erkennen und zu strukturieren, ist dieses Denken hinderlich, Frieden zu finden und ein wahrhaftes Leben zu führen. Das bekannte Yin-Yang-Symbol besteht aus einer lichten und einer dunklen Seite, die sich um einander drehen. Das Licht gewinnt an Stärke, bis es die größte Ausdehnung hat. Der dunkle Kern in der Mitte steht für die dunkle Seite, zu der sich das Licht wandeln kann. Die dunkle Seite gewinnt an Macht, bis sie wiederum am stärksten ist und in sich bereits den Kern für das Umschlagen in die Gegenseite trägt. Wer sich innerhalb dieser Sicht auf die eine oder andere Seite stellt, bleibt in einer Illusion gefangen. Wer gegen eine Seite kämpft, stärkt die polare Sicht und damit auch das, was er bekämpft. Der wahre Meister erkennt das Spiel aus Licht und Dunkelheit als das, was es ist, und verbindet sich mit der Wahrheit dahinter, dem Kreis als idealem Symbol für die Einheit, das Tao.

Aus der Sicht vieler Urvölker ist das gesamte Universum ein lebendiger Organismus: Er ist aus einem Urbewusstsein heraus erschaffen worden, das manche Gott nennen. Innerhalb des Universums ist alles lebendig und von diesem Urbewusstsein durchzogen. Normalerweise sind sich alle Wesen dieser Wahrheit bewusst, sehen und fühlen diese Verbindung mit der ursprünglichen Schöpferkraft und handeln aus dieser heraus. Gelegentlich unternimmt das Bewusstsein jedoch Versuche, aus seiner eigenen Struktur auszubrechen, erschafft und geht neue Wege. Eines dieser Experimente war die Luzifer-Rebellion vor ca. 200.000 Jahren. Luzifer, der diesen Versuch begann, trennte seine bewusste Verbindung mit Gott und startete eine eigene Realität innerhalb der Realität. Viele Wesen folgten ihm hinein in eine Phase voller Polaritäten mit Kampf, Ungerechtigkeit und Leid. Als Teil dieses neuen Weges tauchten Rassen hier auf der Erde auf, die den Menschen erschufen. Der Mensch ist somit ein Kind dieser Polarität; und doch ruht tief in uns der Samen, der uns befähigt, den Weg hinaus in die wahre Schöpfung zu finden.

Aus einer höheren Sicht sind die Kräfte des Lichtes und der Dunkelheit, die auf der Erde miteinander ringen, nur Zeitgeber mit einer wichtigen Funktion. Sie geben allen Wesen die Möglichkeit, ihre eigenen Erfahrungen unter verschiedenen Konstellationen zu machen und sich zu dem Urbewusstsein zu entwickeln, das eins ist mit allem. Die Kräfte, die uns von etwas zurückhalten, sorgen dafür, dass wir uns genau in der Geschwindigkeit entwickeln, wie es für den Gesamtablauf des Universums am besten ist. Wie das Wort »entwickeln« besagt, wickeln wir etwas aus, das schon in uns drin ist: die allererste Ursache, der Diamant, der davon erzählt, dass es nur ein Bewusstsein in allem gibt.

In Ägypten wurde mit der Gründung der ersten Mysterienschule der Versuch unternommen, Menschen wieder einzuweihen in dieses höhere Wissen und die erweiterte Sichtweise auf das, was Bewusstsein ist, wie die Realität entsteht und wie der Mensch wieder wirkliche Freiheit gewinnen kann.

Echnaton

Einer dieser Lehrer war der Pharao Echnaton, der für 17 Jahre in Ägypten regierte. Echnaton ist dafür bekannt, dass er die vorherige Religion über Bord warf und nur einen Gott, Aton, zuließ. Er gründete eine Mysterienschule unter dem Namen »Das Gesetz des Einen«. Er wollte die ersten Menschen wieder herausheben aus dem polaren Spiel, hin zu einer Einheit jenseits der Polarität. Da der Mensch noch in der Dualität gefangen war, passten die Meister hinter dieser Schule den ganzen Aufbau seiner Struktur an und setzten die Schule aus zwei Teilen zusammen: der Schule des Linken und des Rechten Auges des Horus. Neben den beiden Augen des Horus gibt es auch das Mittlere Auge. Das Dritte Auge des Horus steht für einen anderen Weg der Einweihung und Entwicklung, das Leben mit seinen täglichen Erfahrungen.

In der Mythologie Ägyptens steht das rechte Auge für die Sonne und das linke Auge für den Mond, die beiden wichtigsten Himmelskörper neben der Erde. Damit stehen sie symbolisch für die zwei Seiten der Schule. Die weibliche Qualität zeigt sich in der Kraft des Mondes, der das Licht reflektiert und für Ebbe und Flut auf der Erde verantwortlich ist. Mit dem Mond ist die Göttin Luna verbunden. Sie zeigt ihre Verbindung zu den wechselnden Gefühlen in dem deutschen Wort »launisch«. Ähnliches findet sich in dem Wort »mondsüchtig« und in der englischen Sprache in dem Wort »lunatic«. In der römischen Mythologie steht Luna für die Wasser des Körpers und der Erde, die Kraft der Menstruation sowie das zyklische Werden und Vergehen der Natur.

Das männliche Prinzip zeigt sich in der Sonne, die nach außen strahlt und ein sehr direktes, belebendes Licht gibt. Die Sonne steht schon immer in der Tradition der Aufklärung durch das Licht der Weisheit, das sie in die Dunkelheit bringt. Schaut man sich dieses Wissen unserer Sprache an, ist es fast seltsam, dass im Deutschen die Polarität von Sonne und Mond vertauscht wird, wenn wir von der Sonne und dem Mond sprechen, ein Phänomen, das es nur in wenigen Sprachen gibt. Vor diesem Hintergrund ist erkennbar: Die Schule des Linken Auges des Horus diente der Schulung des Emotionalkörpers und aller unterbewussten Themen, die einer Rückverbindung mit der einheitlichen Quelle allen Seins im Wege stehen. Das Rechte Auge des Horus steht für das mentale Verstehen des Aufbaus des Universums, seiner Dimensionen und der Position des Menschen darin.

Heilige Geometrie

Das wichtigste Hilfsmittel in der Schule des Rechten Auges war die Geometrie, die heute als Teilgebiet der Mathematik eine gewisse Faszination ausübt, aber leider auch sehr trocken behandelt wird. Eine Geometrie, die sich mit der höheren Ordnung des Universums, dem Gesamtbild, beschäftigt, wird als spirituelle, göttliche oder heilige Geometrie bezeichnet.

Das heutige Wort für Geometrie kommt aus Griechenland. Dort steht »geo« für die Göttin der Erde, Gaia; »metrie« ist das Messen oder das Maß. »Heilig« leitet sich aus dem Wort »heil« ab und bedeutet so viel wie »ganz« oder »gesund«. Die Heilige Geometrie ist also eine ganzheitliche Geometrie, die das Große mit dem Kleinen verbindet. Eine Spur des alten Wissens finden wir, wenn wir umgangssprachlich von der Quadratur des Kreises sprechen. Die Quadratur ist ein altes Rätsel der griechischen Mathematik, das nur mit Zirkel und Lineal bearbeitet werden durfte und doch nicht lösbar ist.

Die beiden Werkzeuge des Rätsels stellen die zwei Gegenpole dar, die das männliche und das weibliche Prinzip repräsentieren. Der Zirkel kann nur Kreise zeichnen, das Lineal nur gerade Linien. Das männliche Prinzip ist das gerichtete, gerade Prinzip, das weibliche das runde und weiche.

Für die Arbeit mit der Heiligen Geometrie gibt es mehrere Grundregeln. Am wichtigsten ist es, selber einen Zirkel in die Hand zu nehmen, um die Geometrie wirklich zu verstehen, da nur das händische Zeichnen mit Zirkel und Lineal die Möglichkeit bietet, direkt in die Zeichnung einzutauchen.

Wenn wir physisch mit einem Zirkel einen Kreis zeichnen, ist der Kreis nicht nur ein Kreis; er öffnet für einen magischen Augenblick die Verbindung zwischen innen und außen. Während die Hand den Zirkel langsam dreht, folgen unsere Augen der Spitze des Stiftes. Die Hand rotiert dabei in einem kleinen Kreis mit um den Mittelpunkt. Jede Bewegung im Außen wird so innerlich im Gehirn abgebildet. Wenn im Außen die imaginäre Trennebene zwischen unseren beiden Körperhälften überschritten wird, macht unsere Aufmerksamkeit im Inneren das Gleiche. Das Zeichnen eines einzelnen Kreises ist wie eine Meditation, um beide Gehirnhälften zu verbinden.

Der Urgrund und der Weltenbaum

In der Beschreibung des Universums gibt es Bereiche jenseits der Grenzen unserer Sprache, wo Worte nur noch eingeschränkt funktionieren. Auch die Sprache hat Regeln, die uns in der Kommunikation untereinander helfen und unser Denken beeinflussen, aber manchmal nicht mehr genügen, um zu beschreiben, was wirklich ist. Alle mystischen Traditionen kennen eine Urkraft des Universums, die allem zugrunde liegt und sehr subtil ist: der Urgrund. Alles, was sich mit Worten beschreiben lässt, ist etwas Abgegrenztes und meist in der Welt der Polaritäten gefangen. Es gibt aber immer auch etwas außerhalb Stehendes: den Nicht-Urgrund, Nicht-Gott etc. Mit der Beschreibung des Urgrunds ist das gemeint, was hinter allem liegt, nicht zu fassen ist und für das es keine Worte gibt. Selbst wenn wir dazu »Bewusstsein« sagen, ist auch das schon begrenzt.

Beim Zeichnen mit Zirkel und Lineal bilden zwei Bausteine die verborgene Grundlage, über deren philosophische Ebene nicht so viel gesprochen wird: das Papier und der Stift. Auch die Symbolik des weißen Papiers geht noch viel tiefer. So wie »Lineal« im eigentlichen Wortsinne ein Zeichenwerkzeug meint, das keine Maßeinteilung hat, meint weißes Papier ein Papier ohne Linien oder Kästchen. Der Urgrund besitzt keine Form. Er beinhaltet und verbindet alles, er besitzt alle Möglichkeiten, wovon das Papier ein Abbild sein soll. Vor einem weißen Blatt Papier sitzend, liegen alle Möglichkeiten vor uns. Egal, was wir zeichnen, das Papier ist die Grundlagen von allem. Wir sind in diesem Moment der Schöpfer und holen aus dem Urgrund eine neue Welt hervor. Wir können dem Urgrund verschiedenste Geschichten entlocken, sie anschauen und uns mitreißen lassen.

Die wirklichen, wahren Geschichten führen uns aber viel tiefer, sie führen uns zu uns selbst zurück. Es ist nicht nur der Körper, der hier sitzt und zeichnet, es ist vor allem das Bewusstsein, das diesen Körper steuert und beim bewussten Zeichnen in einen Spiegel schaut. Das Bewusstsein erschafft, schaut sich beim Erschaffen zu und erfährt gleichzeitig das Geschaffene. Egal, wie verstrickt wir scheinen in unserer eigenen persönlichen Welt, ein Funke des Urbewusstseins, aus dem alles entstanden ist, glimmt immer noch in uns. Wir haben beim Zeichnen die Möglichkeit, unserer eigenen Quelle zu begegnen. Wie beim Treffen mit alten Freunden schlummert das Wissen von der gemeinsamen Zeit immer noch in uns, es muss nur wieder geweckt werden. In der Begegnung und im Austausch kehrt die Erinnerung zurück. Denn wir waren genauso dabei, als wir das Universum geschaffen haben. Beim Zeichnen der richtigen Schlüsselzeichnungen verbinden sie uns wieder mit der Erinnerung an den Anfang des Universums. Die alte Geschichte wird wieder lebendig, und die Rückverbindung an den Anfang kann beginnen.

Eine ähnliche Aufgabe hat der Stift. Er steht für den Weltenbaum als Mitte der Welt und verbindet die Ebene des Schöpfers mit der materiellen Ebene, in der die Ideen umgesetzt werden. Der Punkt, von dem aus die Schöpfung beginnt, ist der Nabel der Welt, die erste Verdichtung des Bewusstseins bzw. auf körperlicher Ebene die Zirbeldrüse.

Von allen Drüsen des Körpers ist die Zirbeldrüse von den meisten Mythen umgeben, sie ist ein Organ, dessen Bedeutung die Forschung erst langsam versteht. Die Zirbeldrüse ist relativ klein und liegt beinahe in der Mitte des Kopfes. Sie hat einen ähnlichen Aufbau wie ein Auge und ist nach der Niere das am meisten durchblutete Organ des Körpers. Bei Reptilien taucht es als Scheitelauge auf, das nach oben schauen kann. Die Zirbeldrüse ist bei uns für die Steuerung des Tag-Nacht-Rhythmus im Körper verantwortlich. Im Zustand der Dunkelheit schüttet sie Melatonin aus, dem starke Wirkungen bei der Regeneration des Organismus zugeschrieben werden. In spirituellen Traditionen wird die Zirbeldrüse verehrt als Organ, das in höhere Welten sehen kann, das Dritte Auge. Gelegentlich wird sie als der Nabel betrachtet, an dem der Astralkörper mit dem physischen Körper verbunden ist.

Dunkelheit

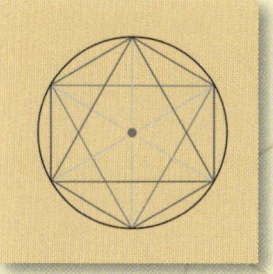

In vielen Religionen gibt es Einweihungen oder Prüfungen in völliger Dunkelheit. Dabei zieht man sich zur Meditation zurück oder geht für bis zu 40 Tage in völlige Dunkelheit. Der oben beschriebene Urgrund wurde in den ägyptischen Mysterienschulen »die Große Leere« getauft. Um Schöpfung geschehen zu lassen, braucht es nur diese Leere und das Bewusstsein. Alle weiteren Formen sind entstanden aus Bewegungen des Bewusstseins in der Leere. Bei den Einweihungen ging es darum, die Erschaffung der Welt noch einmal bewusst nachzuvollziehen und über die Illusion hinauszugehen, in einem viel höheren Wissen bewusst in die Schöpfung einzutreten. Aus heutiger Sicht ist die christliche Religion ein Werk, das hauptsächlich aus verschiedenen Bruchstücken des ägyptischen Glaubens zusammengesetzt worden ist. So ist der Beginn des Alten Testaments eine Beschreibung der ersten Schritte des Bewusstseins in der Leere, die in ägyptischen Mysterienschulen gelehrt worden sind.

*»Am Anfang schuf Gott Himmel und Erde. Und die Erde war
wüst und leer, und es war finster auf der Tiefe; und der Geist
Gottes schwebte auf dem Wasser. Und Gott sprach: Es werde
Licht! Und es ward Licht.«*
1. Mose 1,1–3 (Lutherübersetzung)

Bei dieser Version fehlt jedoch noch eine Kleinigkeit. In der
Mysterienschule wurde gelehrt, dass das Bewusstsein, als es
erstmals in der Großen Leere erschien, sich von der Mitte in
die sechs Raumrichtungen ausgedehnt und damit die drei Dimensionen bestimmt hat. In der Polarität wird die Bewegung
nach vorn immer begleitet von der Ausdehnung nach hinten.
Es ist die gleiche Bewegung, die Urvölker vollziehen, wenn sie
ein Ritual vollführen, um sich mit der Erde zu verbinden. Sie
rufen die vier Himmelsrichtungen an und Mutter Erde und
Vater Himmel. Die Lichtstrahlen sind eine Fähigkeit, die die
Zirbeldrüse ebenfalls besitzt. Von der Zirbeldrüse aus können sechs Lichtstrahlen in die Raumrichtungen ausgesandt
werden, die alle gleiche Länge haben. Die beiden seitlichen
Strahlen verlassen den Kopf knapp oberhalb des Ohres. Der
vordere Strahl tritt am Dritten Auge aus, der hintere entsprechend auf der Rückseite. Die Senkrechte wird gebildet als Teil
einer größeren Achse, der Pranaröhre, die senkrecht durch
den Körper geht – ein Bild, das auf Ikonen nur Jesus vorbehalten war. Die vier waagerechten Strahlen bilden ein Quadrat, das seine Spitze nach vorn hat. Das Bewusstsein hat diese vier Strahlen zu einem Quadrat verbunden. Im nächsten
Schritt werden die vier Eckpunkte nach oben verbunden zur
Spitze. Es entsteht eine Pyramide. Verbindet man die Punkte

dann nach unten, entsteht eine zweite Pyramide und damit ein erster geometrischer Grundkörper: das Oktaeder.

Die Geometrie kennt fünf sogenannte platonische oder reguläre Körper, denen wir im Laufe der weiteren Geschichte begegnen werden. Der erste Körper, das Oktaeder, besteht aus gleichseitigen Dreiecken, die zwei aufeinandergesetzte Pyramiden darstellen. »Okta-« steht für die Zahl Acht und »-eder« für Fläche.

Wenn man diesen Körper aus dem Blickwinkel der geometrischen Grundregeln betrachtet, sind nur Linien des männlichen Prinzips sichtbar. Im nächsten Schritt wird das Oktaeder um die drei Hauptachsen gedreht. Das Bewusstsein beginnt seinen ersten Tanz. Da alle Eckpunkte des Oktaeders den gleichen Abstand zur Mitte haben, entsteht aus dem rotierenden Körper eine Kugel, die urweibliche Form. So wie das Bewusstsein um sich selbst rotiert, rotiert der Zirkel beim Zeichnen um den Mittelpunkt des Kreises. Das Papier als Schöpfungsgrund besitzt zwei Dimensionen. Alle flächigen Zeichnungen aus der Geometrie haben eine räumliche Form, mit der sie verbunden sind. Meist öffnen sie sogar Räume in höhere Dimensionen. Wann immer wir also mit dem Zirkel einen Kreis zeichnen, entspricht dies im Raum einer Kugel.

Innerhalb der Großen Leere hat das Bewusstsein einen Raum mit einer Grenzfläche oder Membran erschaffen. Alles, was außerhalb existiert, spiegelt sich dort im Inneren wider. Jedes Wesen, das sich aus dem Urbewusstsein erhebt, hat eine

Membran, um die Verbindung mit der Außenwelt zu regeln. Auf der körperlichen Ebene ist es die Haut, durch die wir mit der Außenwelt in Kontakt treten können. Wie beim Urbewusstsein spiegelt sich alles, was uns umgibt, im Inneren unseres Körpers wider. Unser Bewusstsein nimmt dies als Empfindung im Inneren auf und erfährt so etwas über die Außenwelt. Das vielleicht bekannteste hermetische Gesetz »Wie innen, so außen, wie oben, so unten, wie im Großen, so im Kleinen« geht auf diese erste Form zurück.

Es werde Licht

Die Zeichnung eines Kreises mit einer Mitte ist ein Symbol für die Einheit des Bewusstseins am Anfang. Das Bewusstsein sitzt in der Mitte der Kugel, ohne sich in eine Richtung zu bewegen. Von dieser Mitte der Kugel aus hat das Bewusstsein die Möglichkeit, sich überallhin zu bewegen. Der nächste Schritt jedoch bestimmt fundamental den gesamten Aufbau der neuen Welt. Bei der weiteren Bewegung gibt es einfache Regeln. Die Grundidee des Bewusstseins war es, sich in diesem Universum selbst zu erfahren. Deswegen lautet die erste Regel, dass das Bewusstsein sich immer zu dem neu Erschaffenen bewegt. Bezogen auf den Moment in der Großen Leere ist das Innere des Kreises immer noch gleich dem, was außerhalb ist. Der nächste Schritt für das Bewusstsein besteht darin, sich zu dem Neuen, der Membran, zu bewegen. Dies ist der Moment, der im Alten Testament an der Stelle »... und der Geist Gottes schwebte auf dem Wasser« beschrieben wird. Der nächste Schritt leitet sich aus der zweiten Regel ab, dass das Bewusstsein immer das anwendet, was es bereits gelernt hat. In der Mysterienschule wurde gelehrt, dass das Bewusstsein nach dieser Bewegung wieder mit einem Oktaeder beginnt, der sich dann um sich selbst dreht. Wir zeichnen am obersten Punkt des Kreises noch einen Kreis der gleichen Größe.

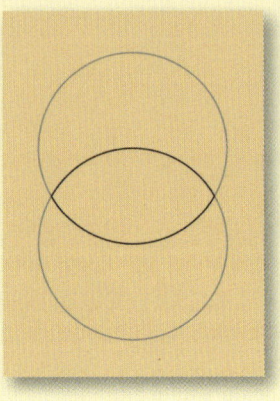

In unmittelbarem Zusammenhang damit steht die Aussage:
»Und Gott sprach: Es werde Licht! Und es ward Licht.«

Deswegen heißt diese Zeichnung »Der erste Tag der Schöpfung«. Der Bereich, den beide Kreise überschneiden, wird »Fischblase« genannt. Die Fischblase oder Vesica Pisces ist ein bekanntes Stilelement aus der Gotik. Wenn es einen Bezug zwischen der Fischblase und dem Licht gibt, wie ist er zu erkennen? Eine Information aus einer geometrischen Zeichnung ergibt sich immer dann, wenn Kreis und Linie zusammenkommen. Die beiden Kreise stehen für das weibliche Element. Nun gilt es, die passenden Linien zur Ergänzung zu finden. Dazu benötigen wir definierte Punkte, zu denen sich das Bewusstsein bewegen kann. In der Fischblase gibt es vier Punkte, die belegt werden können. Wir können die Schnittpunkte untereinander und die Mittelpunkte der Kreise miteinander verbinden. Aus der Überlagerung beider Linien ergibt sich ein Achsenkreuz. Vergleichen wir das Bild mit der Aussage der Physik über die Natur des Lichtes als elektromagnetische Welle, sehen wir, wie der elektrische und der magnetische Anteil im rechten Winkel zueinander stehen, genau wie in unserer Zeichnung.

Wär nicht das Auge sonnenhaft,
Die Sonne könnt es nie erblicken;
Läg nicht in uns des Gottes eigne Kraft,
Wie könnt uns Göttliches entzücken?

Johann Wolfgang von Goethe

Um etwas über die Geometrie des Lichtes zu lernen, können wir unterschiedliche Lichtempfänger betrachten, denn das Außen ist dem Inneren gleich. Es gibt die Möglichkeit, Linien so über die Fischblase zu legen, dass zwei gleichseitige Dreiecke eine Raute bilden. Da geometrische Muster immer geschachtelt sind, befindet sich innerhalb der Raute eine kleinere, die im rechten Winkel zu ihr steht, in der sich wieder eine kleinere mit einer noch kleineren darin befindet.

Schauen wir uns nun an, nach welchem Muster Pflanzen dem Licht entgegenwachsen, können wir entdecken, dass ein großer Teil der Pflanzen genau dieser Geometrie folgt. Am Beispiel des Ahorns (Abb. S. 38/39 Mitte) sehen wir, wie zwei Blätter erscheinen und die nächsten zwei im rechten Winkel dazu stehen, die nächstkleineren wieder um 90° gedreht etc.

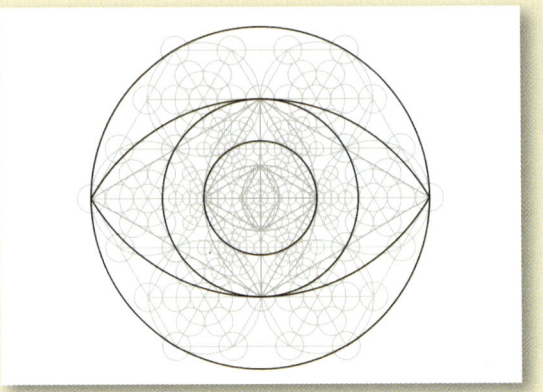

Entsprechend dem Gesetz der Analogie lebt auch in uns die Kraft des Lichtes. Wenn wir unsere Augen als Lichtempfänger betrachten, nehmen auch sie die Geometrie des Lichtes an, um mit ihm in Resonanz zu gehen und es empfangen zu können. Man kann sogar mit der Geometrie den kompletten Augapfel entschlüsseln (Abb. oben links).

Wenn sich das Bewusstsein entscheidet, aus der Einheit herauszutreten, geht es wie durch ein Tor in eine neue Welt. So kann die Fischblase sowohl für einen Wechsel hin zu anderen Dimensionen und Welten als auch als Sinnbild für die Öffnung stehen, durch die ein neues Bewusstsein in unsere Welt kommt. Es ist die Mandorla, der Heiligenschein, die in vielen Kirchen und Gemälden auftaucht (Abb. S. 39 rechts).

Wie bei einem Dimensionstor haben wir auch in unserem Körper eine Öffnung in Form einer Fischblase, um die In-

nenwelt mit der äußeren zu verbinden: unseren Mund. Die
nächstgrößere Fischblase im rechten Winkel zum Mund zieht
sich von der Nase bis zum Kinn. Die zweite Größe, die wieder waagerecht liegt, finden wir im Mund mit seinen Zähnen.
Durch den ersten Schritt wurde der ganze Bauplan des Universums erschaffen. Wohl deshalb verehren viele Schriften
das Wort als etwas Mächtiges. Es ist ein lebendiger Übergang
von der Welt des Geistes hin zur Welt der Materie. Die Fischblase ist auch das Tor, durch das wir einmal geboren wurden.
Den Urschoß, bildlich die erste Kugel mit ihrer Membran,
haben wir durch das Portal der Vulva mit dem Muttermund
verlassen, die die Form einer Fischblase hat und auch namensgebend für sie war. Alle weiteren Formen leiten sich aus
diesem einen Grundschritt mit seiner Geometrie ab.

Betrachten wir die beiden Kreise als Kugeln und schauen von oben hindurch, entdecken wir zwei Kreise: einen großen, der den Einheitskreis unseres Urmaßes bildet, und einen kleineren, der an der Berührung der beiden Kugelschalen mit einem neuen Maß entsteht. Das Bewusstsein macht sich auf den Weg, um im nächsten Schritt dieses neue Maß zu erfahren. Für uns heißt das, wir bewegen uns mit unserem Zirkel einen Schnittpunkt nach rechts und zeichnen noch einen Kreis. Die zwielichtige und manchmal zweischneidige Zweiheit weicht dem ausgeglichenen Dreieck. Der zweite Tag der Schöpfung bricht an.

Tribüne

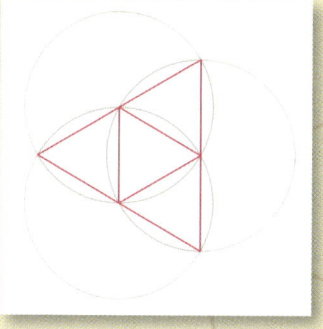

Die Zahl Drei gleicht als stabiles Element die polaren Gegensätze der Zahl Zwei aus. Sie bietet eine feste Basis als dreibeiniger Stuhl, der nie kippelt, und ist die Basis der Tribüne. Die Schöpfung geht in einen ausgeglichenen Zustand über. In dieser Zeichnung für den zweiten Tag der Schöpfung ist eine eigene Dynamik für den nächsten Schritt enthalten. Wir verbinden die drei äußeren neuen Schnittpunkte zu einem großen gleichseitigen Dreieck, bei dem jede Seite einen weiteren Schnittpunkt schneidet. Diese drei inneren Punkte lassen sich zu einem kleinen Dreieck verbinden, das das große Dreieck in vier kleinere aufteilt (Abb. oben). Klappen wir jeweils die äußeren Dreiecke nach innen, entsteht eine dreieckige Pyramide und wir sehen den nächsten der geometrischen Grundkörper. Das Tetraeder besteht aus vier (Tetra-)Dreiecken, die namensgebend für die frühere Form der Milchtüte waren. Die Zeichnung des großen Dreiecks mit den vier kleinen darin ist die Basis, um den Kern der Mer-Ka-Ba zu errichten. Der menschliche Lichtkörper besteht aus zwei ineinander gesteckten Tetraedern. Beim Blick auf die Seite eines Tetraeders sieht man, wie die Spitze des zweiten in der Mitte erscheint.

Mit dem zweiten Tag der Schöpfung ergab sich ein neuer Schnittpunkt in unserer Zeichnung, zu dem das Bewusstsein weiterwandert und einen neuen Kreis entstehen lässt, der für den dritten Tag der Schöpfung steht. Mit jedem neuen Tag entstehen neue Möglichkeiten und Formen, die die Sprache des Universums entfalten. Um den Weg in dieser Beschreibung etwas zu beschleunigen, gehen wir direkt weiter zum nächsten Punkt auf unserem Anfangskreis. Mit dem vierten Tag umfasst die Bewegung genau 180°, die Hälfte der ersten Kugel. Mit dem fünften Tag passiert ein kleines Wunder. Im letzten unserer sechs Schnittpunkte entlang dem Äquator treffen sich genau drei Kreise in einem Punkt. Die Heilige Geometrie geht exakt auf und setzt ein Zeichen dafür, dass am Anfang alles genau so angelegt worden ist. Bewegen wir uns also im letzten Schritt hin zu diesem neuen Schnittpunkt, ergibt sich ein vollständiges Bild, das Genesismuster. Unsere Blume ist fertig.

»Und Gott sah an alles, was er gemacht hatte; und siehe da, es war sehr gut. Da ward aus Abend und Morgen der sechste Tag.«
1. Mose 1,31

Ausgehend von der Erkenntnis, dass jeder Tag neue Informationen und dreidimensionale Formen birgt, ist es interessant, sich dieses Schöpfungsmuster einmal genauer anzusehen. Auch hier finden wir ein räumliches Modell mit universeller Bedeutung. Erinnern wir uns. Jeder Kreis entspricht einer Kugel im Raum. Für das Genesismuster hat sich das Bewusstsein einmal entlang einem Äquator um die erste Kugel bewegt. Es war die Umdrehung des Urwirbels um den Nabel der Welt. Da es das erste Mal ist, dass diese Bewegung erscheint, sollten wir genauer hinschauen, welche Form entsteht. Von der Mitte des Musters gehen sechs gleich große Fischblasen wie Blütenblätter nach außen. Durch jede dieser Fischblasen lässt sich auf der langen Strecke zwischen den beiden Schnittpunkten eine dünne Linie zeichnen. Mit diesen Linien wird jeder Sechstel-Kreisbogen durch eine Fischblase halbiert. Der Uräquator erhält so eine Einteilung in zwölf gleiche Teile. Wir nehmen den Zirkel und zeichnen sechs neue Kreise, die ihren Mittelpunkt im Schnittpunkt von Urkreis und dünner Linie haben, und verdoppeln die Anzahl der Kreise auf zwölf. Damit entstehen neue Blütenblätter, die aber eigentlich keine Fischblasen mehr sind, da sie ein anderes Verhältnis von Länge zu Breite besitzen. Auch hier können wir die Anzahl der Kreise verdoppeln zu einem Muster, das jetzt aus 24 Kreisen besteht. So langsam scheint sich das Bild aus der Ebene zu erheben und räumlich zu werden. Es besteht auch die Möglichkeit, noch einmal anzusetzen und 24 weitere Kreise zu zeichnen, die jeweils mittig zwischen den Kreisen der letzten Runde liegen. Unser Modell besitzt dann 48 Kreise.

Torus

Die Form, die hier entsteht, nennt der Mathematiker »Torus«. Es ist ein Ring mit einem Loch in der Mitte wie bei einem Bagel oder Donut. In unserer Zeichnung ist dieses Loch unendlich klein. Betrachtet man das Modell von der Seite, erkennt man, dass es flach ist wie zwei Kugeln, die sich gegenüberstehen. Dies ist die Form eines jeden Feldes im Universum, wie beispielsweise die Feldlinien eines Stabmagneten, die auf ihrem Weg vom Nordpol zum Südpol einen Torus beschreiben. Nach dem hermetischen Gesetz »Wie oben, so unten« ist dieses Bild im Großen wie im Kleinen verbreitet. Die Form des Feldes der Erde, auf der wir leben, ist genau so aufgebaut wie das Feld der Sonne oder der Galaxie. Der Torus ist auch die Form fast aller Felder von Tieren und Pflanzen. Schauen wir einen Baum an, kann man beobachten, wie er permanent Nährstoffe durch seinen Stamm aufnimmt und

sie nach oben in die Krone führt. Von dort werden sie verteilt in die Äste, Zweige und Blätter. Im Herbst fallen die Blätter wieder zu Boden, gehen von Neuem in den Kreislauf ein. Der Baum hat ein torusförmiges Feld.

Beim Apfel sieht man, wie er mit einer Einwirbelung bei Stiel und Blüte ebenfalls eine Torusform besitzt (Abb. oben links). Das Gleiche ist bei Tomaten und anderen Früchten zu beobachten. Auch im Tierreich finden wir den Torus. Der Körper eines Schmetterlings bildet die Mittelachse, und seine Flügel schlagen genau in der Form eines Torus. Vielleicht ist der Schmetterling gar nicht sein Körper, sondern eher das Feld um ihn herum?

Wer das All versteht, kann das gesamte Universum in einem Sandkorn finden. So ist es auch hier. Wir kennen die Geometrie des Grundmusters und können erkennen, wie diese Form immer wiederkehrt. So kann man durch das Betrachten des Kleinen verstehen, wie das Große aufgebaut ist.

Nehmen wir einen Apfel zur Hand und schneiden ihn waagerecht auf, können wir sehen, wie die Kerne im Inneren in fünf symmetrischen Kammern untergebracht sind (Abb. S. 45 rechts). Außen, im Fruchtfleisch, finden sich dann zehn Verdichtungen. Der Apfel hat also im Inneren die Geometrie eines Zehnsterns mit einem Fünfstern darin. In der Waagerechten in jedem Torus findet sich immer eine geometrische Form, beim Apfel meist ein Fünfeck, bei Melone und Banane ein Dreieck, bei der Kakifrucht ein Vierstern. Und auch hier führt das Wissen über die Grundlagen der Natur wieder zu uns als Teil der Natur zurück. Die zentrale Achse, die durch den Torus hindurchläuft, ist unser Körper. Unsere Arme und Beine bewegen sich wie beim Schmetterling in diesem Torusfeld. In den verschiedenen Mysterienschulen der Welt wird gelehrt, dass wir eine Pranaröhre, einen Hauptenergiekanal, besitzen, der senkrecht durch unseren Körper geht. Eines der Geheimnisse besteht darin, sich durch diesen Kanal mit der Erde und dem Kosmos zu verbinden. Es ist die Form eines Torus, die in unserem ganzen Wesen dem Feld einer Galaxie, eines Apfels oder eines Atoms gleicht.

Um aus einer geometrischen Zeichnung Informationen zu erhalten, darf an ihrem vorgegebenen Maß nichts geändert werden. Es ist jedoch möglich, einzelne Linien herauszuradieren und andere hervorzuheben. In der Erkundung des Torus wurde klar, dass er das Grundprinzip des Wirbels abbildet.

Das Prinzip des Urwirbels, der die große Bewegung des Universums darstellt, ist ein Bild, das in allen Kulturen auftaucht. Ein sehr bekanntes Symbol dieser ewigen Drehung stellt das Yin-Yang-Zeichen dar. Nehmen wir den Torus oder das Genesismuster als Vorlage, können wir zwei Kreise, die sich oben und unten gegenüberstehen, als Grundlage nehmen. Wir zeichnen vom oberen Kreis die rechte Hälfte stärker und vom unteren Kreis die linke Hälfte. Schon erhalten wir ein spiegelverkehrtes »S«. Von der Mitte ausgehend zeichnen wir noch einen doppelt so großen Kreis und haben das Yin-Yang-Symbol aus dem Torus entwickelt.

Auch andere Symbole bauen auf dem Toruswirbel auf. Das Triskele, das meistens der keltischen Kultur zugeschrieben wird, besteht aus drei Beinen oder Spiralen. Es lässt sich ebenfalls direkt aus dem Torus oder dem Genesismuster mit seiner Sechsersymmetrie entwickeln. Die nächste Stufe mit vier Kreisen, das Sonnenrad oder die Swastika, erzählt ebenfalls von der Urenergie des Universums. Bevor es in unserem Kulturkreis in Verruf gebracht worden ist, war es ein weltweites Symbol des ewigen Kreisens der Schöpfung. Auch auf den Bildsteinen der Insel Gotland finden wir eine Darstellung des Urwirbels, mit höheren Symmetrien (Abb. S. 47). Die kleinen Flammen außen erinnern ein bisschen an die Sonnenstürme und Protuberanzen, die erst heute genauer beobachtet werden können.

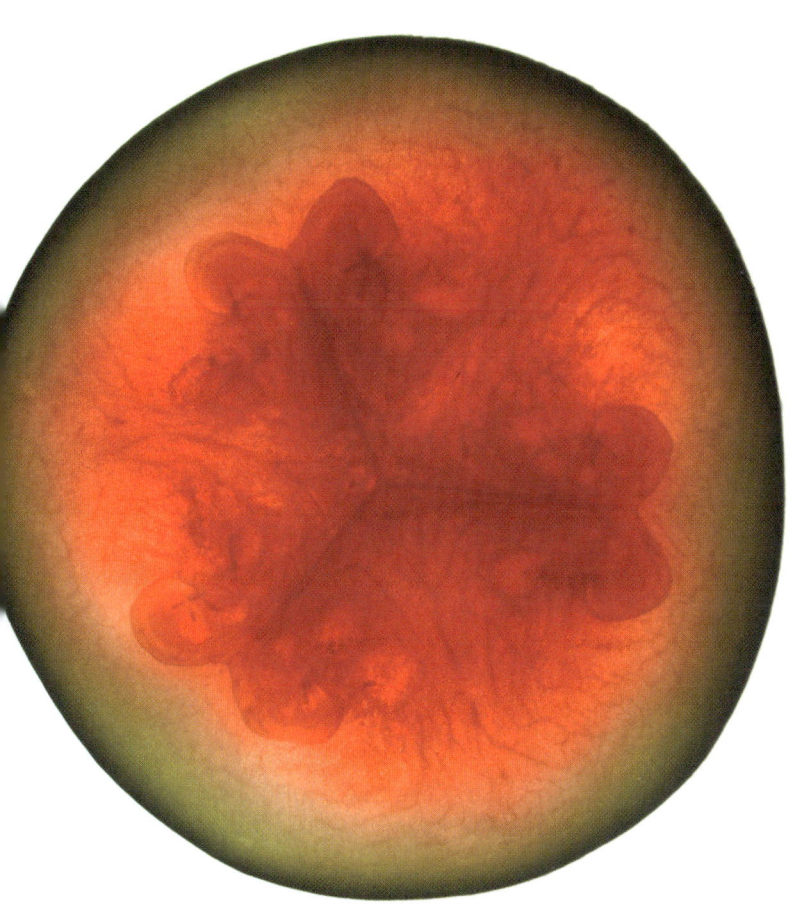

3. Das Ei des Lebens

Nach der Entstehung des Genesismusters hat die Schöpfung natürlich nicht aufgehört, sondern sie entfaltet sich weiter und das Bewusstsein rotiert ein weiteres Mal um das Zentrum. Beim Genesismuster gruppieren sich um die Mitte sechs große Fischblasen mit einem gemeinsamen Punkt in der Mitte, der allen gleich ist. Die äußeren Punkte bilden die Mittelpunkte von sechs neuen Kreisen für das Bewusstsein.

Der tiefere Sinn einer Zeichnung lässt sich erfahren, indem die Wahrnehmung meditativ in sie eintaucht und neue Muster erkennt. In unserem Fall sind in der Weiterentwicklung der ersten Zeichnung wieder mehrere Bedeutungsebenen enthalten, die sich in dreidimensionalen Figuren verstecken. Sie lassen sich hervorheben, indem bestimmte Linien herausradiert, andere jedoch hervorgehoben werden. Bei dieser Zeichnung wird der erste Kreis im Ganzen stärker gezeichnet und die sechs neuen außen herum nur teilweise. Diese neuen Kreise

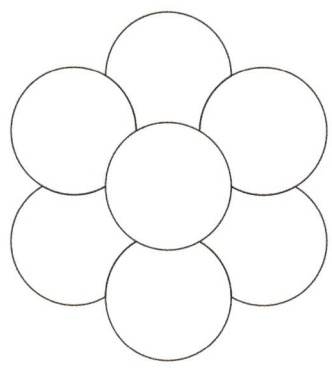

lassen sich wie bei einem Davidstern als zwei Dreiergruppen betrachten. Davon wird eine Dreiergruppe so weit stärker gezeichnet, wie sie außerhalb des ersten Kreises liegt. Dadurch kommt etwas Räumliches in die Zeichnung hinein. Es bleiben die drei Kreise übrig, die zwischen den Kreisen des ersten Dreierpacks liegen. Sie werden nur noch in der äußeren Hälfte gezeichnet. Wenn die Zeichnung richtig liegt, sollte oberhalb des ersten Kreises ein halber Kreis aus der zweiten Dreiheit liegen (Abb. oben).

Der Baustein, der in dieser Phase entstanden ist, heißt »Ei des Lebens«. Es besteht aus Kugeln, die in Form eines Würfels angeordnet sind, auf dessen Spitze wir bei dieser Zeichnung schauen. Um zu verstehen, was es mit dem Ei des Lebens auf sich hat, machen wir einen kleinen Schwenk in die Embryologie.

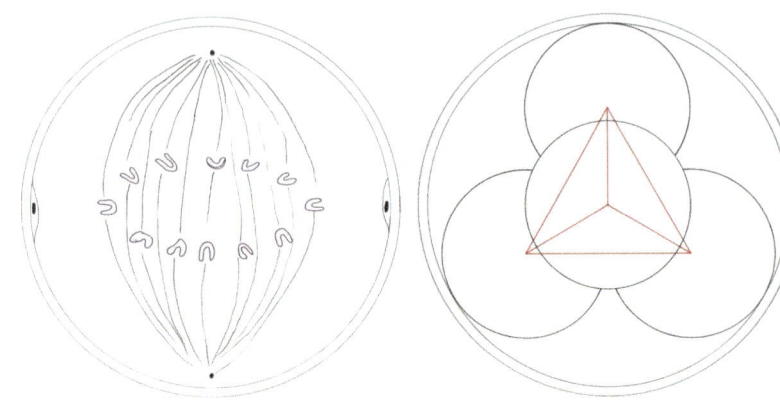

Embryologie

Nach den einfachen Prinzipien der Natur, die sie ständig wiederholt, hat die Schöpfung nie aufgehört. Jedes Mal, wenn neues Leben entsteht, wird die Geschichte vom Anfang der Schöpfung aufs Neue erzählt.

Im Reich der Tiere und Menschen beginnt alles Leben wie bei der menschlichen Eizelle, dem Eigelb oder dem Froschlaich in Form einer Kugel. Die menschliche Eizelle ist ca. 200-mal so groß wie eine normale Körperzelle. Sie wird umgeben von einer Schutzhülle, der Zona Pellucida. Die zwei Kreise, die die äußere und innere Schicht der Zona Pellucida bilden, entsprechen den beiden Kreisen, die die Blume des Lebens umgeben. Am Anfang erfolgen alle Zellteilungsschritte innerhalb dieser Hülle. Das Ei hat sich noch nicht in der Gebärmutter eingenistet, sondern bewegt sich langsam durch den Eileiter.

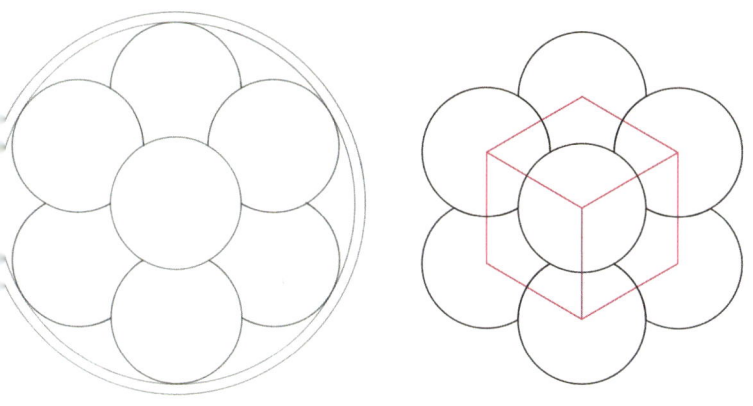

Wird eine Eizelle befruchtet, bereitet sie sich auf die Zellteilung vor. Während der Verdoppelung des Erbgutes, das in den Chromosomen liegt, senden die sogenannten Zentralkörperchen feine Fasern aus, um die Chromosomen zu greifen (Abb. S. 52 links).

Diese Fasern ordnen die Chromosomen in der Zelle in Form eines großen Sternes an. In der menschlichen Eizelle sind es 46 Chromosomen mit je einem DNS-Molekül. Während die beiden Zentralkörperchen einen Nordpol und einen Südpol bilden, entsteht im rechten Winkel zur Mittelachse eine Ebene, in der sich die Chromosomen in der Form eines 46-zackigen Sterns anordnen, dem sogenannten Mutterstern. Beim Apfel waren es die Samen, die sich im rechten Winkel zur Zentralachse von Stiel und Blüte in der Form eines Fünfsterns anordnen. In der Eizelle bilden die Chromosomen ähnlich wie die Samen im Apfel den Träger des neuen Lebens.

Die Fasern der beiden Zentralkörperchen ziehen das Erbgut der Chromosomen so auseinander, dass sich auf jeder Seite die gesamte Erbinformation wieder rekonstruieren lässt. Damit entsteht ein vollständiger Chromosomensatz auf der Nordseite der Zelle und ein vollständiger Satz auf der Südseite. Die Urzelle kann sich einschnüren und in zwei identische Zellen halbieren. Beide bilden zusammen das Bild der sich überlappenden Kreise mit der Fischblase. Wenn die zwei Zellen sich teilen, verdoppelt sich ihre Anzahl auf vier. Diese vier Zellen bilden die Form eines Tetraeders, bei dem jede Ecke der Mitte einer Zelle entspricht, genau wie am zweiten Tag der Schöpfung. Wenn diese vier Zellen sich teilen, entstehen acht Zellen, die die Form eines Würfels bilden: das Ei des Lebens (Abb. S. 53 links). Im späteren Organismus haben alle Zellen unterschiedliche Aufgaben und damit einen jeweils anderen Aufbau.

Das Achtzellenstadium ist das letzte Stadium, in dem die einzelnen Zellen sich noch nicht spezialisiert haben. Sie sind vollkommen identisch und werden als Stammzellen betrachtet, die die Möglichkeit besitzen, sich in jede beliebige Zellform umzubilden. Jedes Lebewesen muss in seiner Entwicklung durch das Stadium des Eis des Lebens gehen.

Man kann auch in das Ei des Lebens einen Würfel einzeichnen (Abb. S. 53 rechts). Die Darstellung des Würfels im Ei des Lebens schaut auf eine Ecke und besteht aus drei Parallelogrammen. Zeichnen wir in diesen Parallelogrammen die Diagonalen ein, formt sich das Bild eines Körpers, der innerhalb des Würfels sitzt. Dazu müssen wir noch ein kleines Dreieck zeichnen, das die drei Mitten der Parallelogramme miteinander verbindet. Die Figur, die wir gefunden haben, ist ein Sterntetraeder, der den Kern der Mer-Ka-Ba bildet und sich bereits am zweiten Tag offenbart hat.

Ein Abbild vom Ei des Lebens finden wir in der Farbenlehre. Wir haben bereits gesehen, wie es aus zwei ineinandergreifenden Tetraedern besteht. Wenn wir das Modell so aufhängen, dass eine Spitze nach oben und eine Spitze nach unten zeigt, können wir uns vorstellen, wie eine Farbe erst durch die Begegnung von Licht und Dunkelheit entsteht, die die beiden Pole des Lichtes darstellen. In unserem Modell können wir die obere Spitze oder Kugel als die lichte Seite weiß darstellen. Die untere Spitze können wir als den dunklen Pol schwarz zeichnen. Damit haben wir den Raum geöffnet, in dem Farbe entstehen kann. Nun verbinden wir die drei fehlenden Eckpunkte des oberen Tetraeders mit den Primärfarben Rot, Gelb und Blau, die mit dem Licht verbunden sind. Die drei freien Punkte des unteren Tetraeders ergeben sich als Mischung der jeweiligen benachbarten Primärfarben: Rot und Gelb ergibt Orange. Gelb und Blau führt zu Grün, und Rot und Blau mischt sich zu Violett. Schaut man nun aus Richtung der weißen oder schwarzen Kugel auf das farbige Ei des Lebens, ergibt sich ein vollständiger Farbenkreis.

 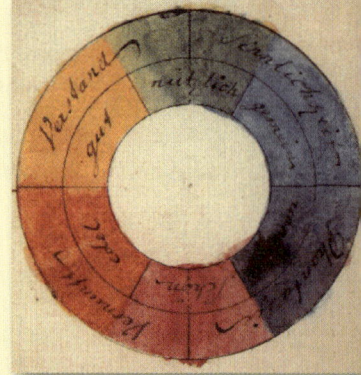

Musik, Chemie und anderswo

Neben den Farben ist das Ei des Lebens mit der Atomstruktur, dem genetischen Code und der Musik verbunden. Wie die reinen Intervalle der Musik sind alle chemischen Reaktionen ganzzahlig aufgebaut. Die Eigenschaften eines Atoms werden durch die Anzahl der Elektronen des Elementes in den sogenannten Orbitalen bestimmt. Dieser Aufbau bildet sich im Periodensystem der Elemente mit seinen acht Hauptgruppen ab, die wie die Kugeln des Eis des Lebens unterschiedliche Aspekte des Atoms darstellen. Das erste Orbital bietet Platz für zwei Elektronen, die die Oktave aus den Elementen Wasserstoff und Sauerstoff definieren. Auf der nächsten Schale ist dann bereits Platz für acht Elektronen. Jedes Element mit einer Kernladungszahl und einem Elektron mehr gehört so zu einem anderen Ton der Chemie.

Das chinesische »Buch der Wandlungen«, das »I Ging«, ist ca. 6.000 Jahre alt und besteht aus 64 sogenannten Hexagrammen, welche die einzelnen Wandlungsphasen eines beliebigen Prozesses beschreiben. Abgeleitet vom Yin-Yang-Symbol wird das Yin-Prinzip als unterbrochene Linie und das Yang-Prinzip als durchgehende Linie dargestellt. Drei aufeinanderfolgende Linien stehen für ein halbes Hexagramm, ein Trigramm. Mit der Besetzung von Yin- oder Yang-Energien gibt es für ein Trigramm acht Varianten: Sie sind im I Ging so wichtig, dass sie wie eine heilige Familie betrachtet werden, die eine direkte Verbindung zum Sterntetraeder im Ei des Lebens hat. Ihre acht Mitglieder besetzen alle Eckpunkte des

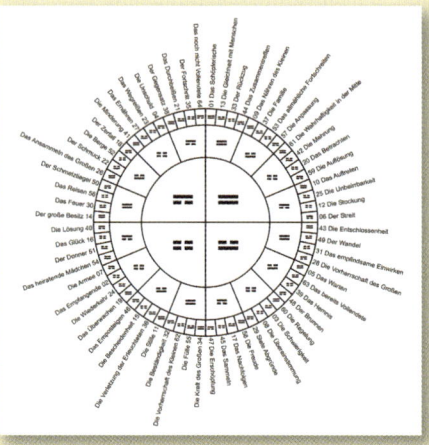

Sterntetraeders. Alle 64 Varianten des I Ging entstehen durch die Multiplikation der acht Varianten des unteren Trigramms mit den acht Varianten des oberen Trigramms. Wie bei einem Schachbrett, das ebenfalls ein altes Mysterienspiel ist, multiplizieren sich diese acht mal acht zur 64.

Es war eine Überraschung, als man vor ca. 60 Jahren die DNS innerhalb der Chromosomen zu verstehen begann. Die DNS ist ein Kettenmolekül, aufgebaut wie eine sich um sich selbst drehende Strickleiter. Jede einzelne Sprosse kann in einer von insgesamt vier Varianten auftreten. Drei aufeinanderfolgende Basenpaare enthalten den Code für eine Aminosäure des Körpers. Drei Sprossen mit jeweils vier Varianten ergeben genau 64 Möglichkeiten. Nun stellt sich beim Blick in unsere Zellen heraus, dass dem I Ging, dem Ei des Lebens und der DNS derselbe Bauplan zugrundeliegt, der auch das Atom und die Welt der Farben formt.

4. Die Saat und
der Baum des Lebens

Ausgehend von dem Genesismuster mit seinen sieben Kreisen folgten in der zweiten Umdrehung sechs weitere, die zur Grundlage des Eis des Lebens wurden. Auch an dieser Stelle hat die Bewegung des Bewusstseins in der Leere nicht aufgehört, sondern ist zu den nächsten Schnittpunkten weitergegangen. Entsprechend den Regeln des Bewusstseins, immer zu den neuen Schnittpunkten zu gehen und das bereits Erlernte anzuwenden, gehen wir mit dem Zirkel zu den neuen Schnittpunkten aus der dritten Umdrehung und zeichnen neue Kreise. Dabei bewegt sich das Bewusstsein ein drittes Mal um die Mitte herum. Diese dritte Umdrehung gibt uns einen wichtigen Schlüssel zum Verständnis der Blume des Lebens an die Hand.

Die Blume des Lebens besteht aus 19 vollständigen und mehreren angefangenen Kreisen. Diese 19 Kreise entsprechen allen Kreisen, die wir bis jetzt gezeichnet haben. Angefangen mit dem ersten Kreis, dem Kern aller Zeichnungen, sind mit jeder Umdrehung sechs neue Kreise hinzugekommen. Betrachtet man die Blume des Lebens, erkennt man, dass sie weitere Kreise enthält, die aber nicht vollständig gezeichnet worden sind. Der grobe Umriss der Blume des Lebens ergibt sich auch, wenn wir sieben gleich große Münzen so auf dem Tisch auslegen, dass eine Münze in der Mitte liegt und von den anderen sechs umgeben wird. Diese Symmetrie bildet die Grundlage vieler Kirchenfenster, da sie sehr einfach zu konstruieren ist.

Beim Studium der vielen Lebensblumenmuster auf der ganzen Welt fällt auf, dass es fast keine Muster gibt, bei denen

die Blume größer als diese dritte Umdrehung ist. Die ange-
schnittenen Kreise sind ein verschlüsselter Hinweis darauf,
dass es noch größere Muster als die Blume des Lebens gibt.
Es ist jedoch anscheinend so, dass das Wissen, das sich mit
diesen größeren Schlüsseln erfahren lässt, zu wertvoll gewesen ist, um es offen darzustellen.

Einen ersten Teil der fehlenden Kreise für die Blume des Lebens erhalten wir, indem wir der dritten Umdrehung eine
weitere mit achtzehn neuen Kreisen folgen lassen. Die Zeichnung wird als vierte Umdrehung bezeichnet. In ihr entsteht
eine kleinere Ausgabe der Blume des Lebens: die Saat des
Lebens. Die Saat des Lebens besteht aus zwei Kreisen am
Rand, die Blume dagegen aus drei. Und doch ist dieses Bild so
wichtig, dass es in vielen Tempeln der Welt dargestellt wird,
beispielsweise in Indien oder Ägypten.

Der Baum des Lebens

Eines der wichtigsten Symbole der okkulten Wissenschaften der Welt ist der Baum des Lebens. Er taucht in unterschiedlicher Form als Modell des Universums und als Darstellung der Verbindung zwischen Himmel und Erde auf. Im germanischen Glauben ist es die Weltenesche Yggdrasil, in der Kabbala ist es der Baum des Lebens mit seinen zehn Sephiroth.

»Kabbala« leitet sich von dem Wort »Überlieferung« oder »Übertragung« ab und ist Teil des mystischen Hintergrundes des Judentums. Die Kabbala versteht den Baum des Lebens als Darstellung des Organismus des unendlichen einen Gottes. Ähnlich wie in den hermetischen Gesetzen nimmt man an, dass das Große mit dem Kleinen verbunden ist. So ist der göttliche Bauplan identisch mit dem Bauplan des Menschen. Die zehn Kugeln im Baum des Lebens werden als Emanationen des Göttlichen betrachtet und »Sephiroth« genannt. Jede dieser Sephiroth besitzt einen Namen und eigene Eigenschaften (Abb. S. 63). Alle Sephiroth sind untereinander verbunden mit 22 Linien, welche den 22 Buchstaben des hebräischen Alphabets und den 22 Trumpfkarten des Tarot, die als »große Arkana« bezeichnet werden, entsprechen. Diese Karten sind beispielsweise im Crowley-Tarot durchnummeriert und mit den entsprechenden hebräischen Buchstaben versehen. Das Tarot stellt in seinem inneren Aufbau eine Abbildung der menschlichen Seele mit all ihren Sinnen, Eigenschaften und Verstrickungen dar.

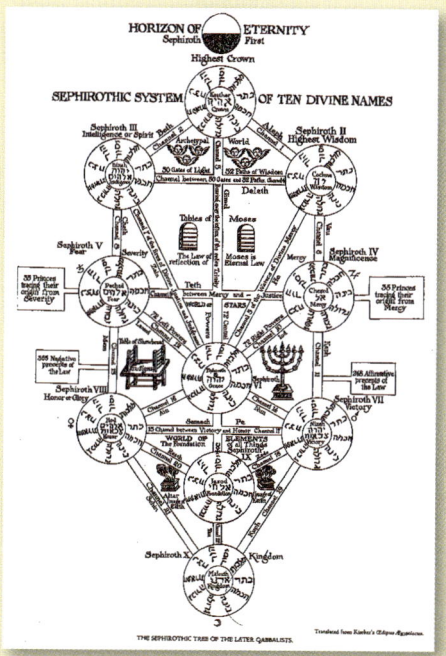

THE SEPHIROTHIC TREE OF THE LATER QABBALISTS.

Schaut man sich mittelalterliche Darstellungen des Baumes des Lebens an, wird sehr schnell klar, dass das Wissen der Kabbala noch sehr viel tiefer geht. In den alten Schriften offenbart sich der Wert der kabbalistischen Überlieferung, deren wahre Quelle unbekannt bzw. unklar ist.

Viele Symbole aus der Heiligen Geometrie enden mit »des Lebens«. Wir kennen bereits die Blume, das Ei und die Saat des Lebens. Wenn in der Kabbala vom Baum des Lebens die Rede ist, könnte es dann sein, dass der Schlüssel zur Herkunft des Baumes in der Geometrie liegt?

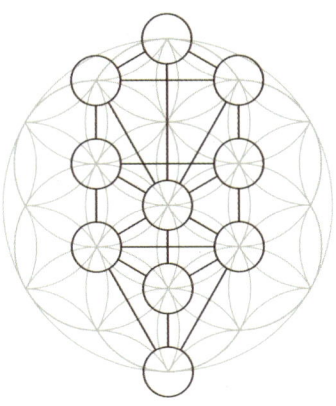

Gemäß dem Prinzip der Selbstähnlichkeit des Universums haben wir vom Apfel etwas über die innere Struktur des Torus gelernt. Der Samen einer jeden Frucht trägt in sich das Bild des fertigen Baumes. So entsteht aus einem Apfelsamen immer nur ein Apfelbaum. Nach diesem Prinzip können wir in der Sprache der Geometrie prüfen, ob Saat des Lebens und Baum des Lebens zusammengehören. Wenn wir beide übereinanderlegen, sehen wir, dass jede Sphäre des Baumes mit einem Schnittpunkt der Saat des Lebens übereinstimmt (Abb. oben). Jede Linie innerhalb des Baumes ist Teil einer Fischblase, aus der diese Linien stammen. Saat und Blume passen wie Schloss und Schlüssel zueinander. Aus der Pflanzenwelt wissen wir, wie die Entwicklung weitergeht. Nachdem aus der Saat der Baum entstanden ist, bildet sich an seinen Ästen die Blume. Aus der Blume bildet sich die Frucht, die dann wieder den neuen Samen enthält. Mit dem Wissen um die Frucht haben wir einen weiteren Hinweis auf ein ver-

borgenes Symbol, das über die Blume des Lebens hinausgeht. Wenn man den Apfel in seiner Waagerechten aufschneidet, offenbart die Anordnung der Samen ein Fünfeck. Schneidet man nun eine dünne Scheibe in dieser Ebene aus dem Apfel und hält sie ins Gegenlicht, offenbart der Apfel eine Rück-erinnerung an die Blume (Abb. oben). Die innere Struktur des Apfels zeigt noch die Form einer Blüte. Je nach Wandlungs-phase ist in ihm die Blüte aus der Vergangenheit und die Zu-kunft in Form des Samens sichtbar.

Einen ähnlichen Aufbau wie der Apfel besitzt unser Sonnen-system. Die Sonne als Herz des Ganzen besitzt ein gewalti-ges torusförmiges Feld um sich. Von oben und unten wirbelt Energie von den Grenzen des Sonnensystems in sie herein und verbindet das Äußere mit dem Inneren. Im rechten Win-kel, dort wo beim Apfel die Samen und bei der Zelle die Chro-mosomen sitzen, befinden sich bei der Sonne die Planeten.

Sie sind die Organe des Gesamtorganismus bzw. die Samen, die neues Leben hervorbringen, entweder indem sie Leben auf ihrer Oberfläche entstehen lassen oder indem sie, ausgereift und zur eigenen Sonne geworden, das Sonnensystem verlassen und ein eigenes System gründen. Auch die Abstände und Umlaufzeiten der Planeten in der Waagerechten folgen den Regeln der Geometrie. In den Abständen von Mars und Jupiter finden sich die Proportionen des Eis des Lebens. In den Bewegungsmustern von Venus und Erde um die Sonne offenbart sich eine eigene Schönheit; sie schreiben in acht Jahren ein großes Fünfeck ans Firmament, den Venusstern.

Im Sonnensystem sind es die Planeten, die sich ums Zentrum bewegen. Schauen wir eine Stufe höher, sehen wir, wie sich die Sonne mit vielen anderen Sternen um ein eigenes Zentrum der Galaxie bewegt. Nach unten geschaut im ganz Kleinen sehen wir die Elektronen, die um den Atomkern kreisen. In der Mitte der großen und kleinen Maßstäbe finden wir die Samen, die um den Apfel kreisen. Doch auch der Mensch folgt diesem Prinzip. In vielen Analogien wird das Herz mit der Sonne verbunden. Die einzelnen Organe wiederum stehen in Verbindung mit den Planeten des Sonnensystems, mit dem Unterschied, dass sich nicht das Organ auf einer Bahn um das Zentrum bewegt, sondern die Bahn symbolisch in Form des Blutes durch das Organ hindurch.

5. Die Frucht des Lebens
und Metatrons Würfel

M it der vierten Umdrehung wurde das Wissen um die Saat des Lebens komplettiert. Am äußeren Rand finden sich neue Schnittpunkte für das Bewusstsein, um sich auszubreiten und die Grundlagen der Realität zu definieren. Wir können das Muster so zur fünften Umdrehung vervollständigen und noch tiefer in die Blume des Lebens eintauchen. Es kommen jetzt 24 neue Kreise hinzu, bis an jeder Seite des sechseckigen Kreismusters fünf Kreise gezeichnet sind. Damit sind alle Kreise zusammengekommen, die in der Blume des Lebens nur angedeutet werden.

Alle Kreise dieser Zeichnung kommen in der Blume des Lebens vor, außer den jeweiligen Eckkreisen, die sie nur berühren. Bei der Beobachtung des Pflanzenwachstums konnten wir den verborgenen Hinweis sehen, dass es in der Kette

Same – Baum – Blume – Frucht auch eine Frucht des Lebens geben musste. Die sieben Kreise, die sich in der Blume
des Lebens berühren, und jene sechs Kreise an den Ecken der
großen Zeichnung ergeben zusammen die Frucht des Lebens,
die aus 13 Kreisen besteht (Abb. S. 68 links). Da aus ihr die
grundlegenden Strukturen der Realität entspringen, die in der
Saat angelegt worden sind, wird sie als Frucht bezeichnet.

Mit ihren 13 Kreisen enthält sie 13 Schlüssel zu so unter-
schiedlichen Welten wie denen der Kristalle, des Lichtes und
der Musik. Es gibt deswegen nur sehr wenige Orte, an denen
die Frucht des Lebens zu sehen ist. Einer davon befindet sich
im Magdeburger Dom, dem ältesten gotischen Bauwerk auf
deutschem Boden. In einer kleinen sechzehneckigen Kapelle im Inneren des Domes ist die gotische Sitzgruppe eines

unbekannten Herrscherpaares zu finden (Abb. S. 68/69 Mitte und S. 69). Der Mann hält in seiner Hand ein Medaillon aus 19 Kugeln, dessen Symbolik unklar ist. In der Deutung als Jesus wird das Medaillon als Abbild des Himmels mit den zwölf Tierkreiszeichen außen und den sieben Planeten innen verstanden. In der Vergrößerung ist jedoch erkennbar, dass dieses Medaillon die Frucht des Lebens enthält. Auch könnte die Verwendung der 19 Kugeln ein Hinweis auf eine Verbindung zur Blume des Lebens sein.

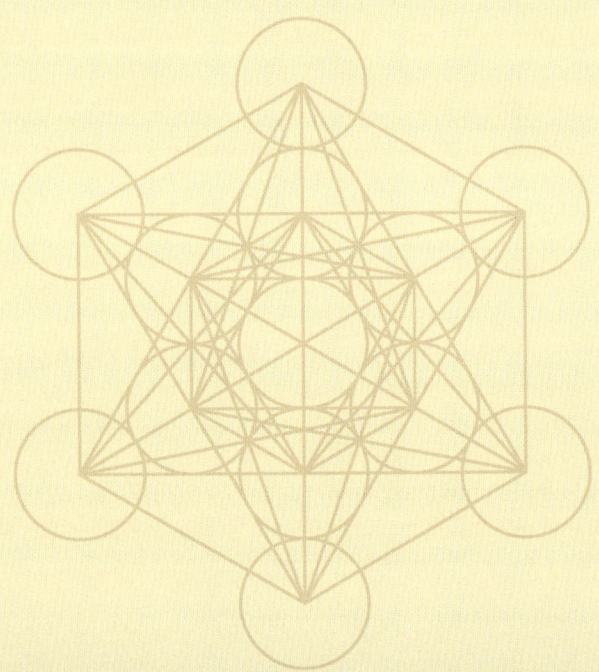

Metatrons Würfel

Um der Frucht des Lebens, die nur aus Kreisen besteht, ihre Schlüssel zu entlocken, können wir wieder das männliche Prinzip zu Hilfe zu nehmen und unterschiedliche Linien einfügen. Eine Möglichkeit besteht darin, alle Mittelpunkte aller Kreise durch Linien untereinander zu verbinden, sodass Metatrons Würfel entsteht.

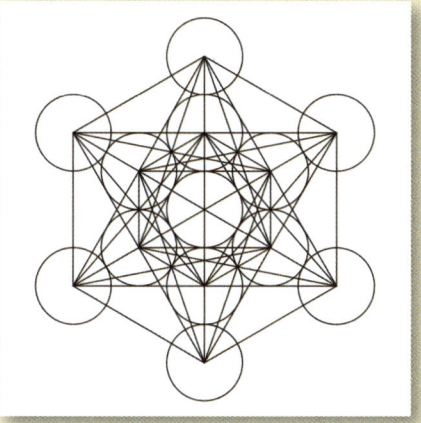

In der jüdischen Mythologie stellt Metatron, der mit dem Umsetzen des göttlichen Planes in der dreidimensionalen Realität beauftragt ist, einen der höchsten Engel in der himmlischen Hierarchie dar.

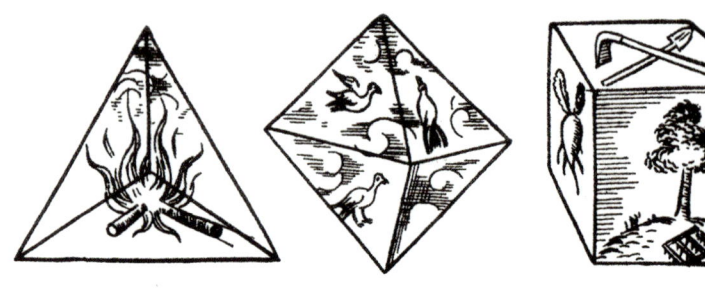

Die platonischen Körper

Mit dem Beginn der Schöpfung waren wir mit dem Oktaeder auf eine Gattung von geometrischen Figuren gestoßen, die platonischen Körper. Diese fünf Körper wurden nach Platon benannt, der sie bereits vor 2.300 Jahren beschrieb. Von ihnen ist uns dann am dritten Tag das Tetraeder begegnet und später der Würfel mit dem Ei des Lebens.

Die regelmäßigen Polyeder, wie sie die moderne Mathematik nennt, bestehen jeder für sich aus nur einer gleichseitigen Fläche (Dreieck, Quadrat etc.). Ein einfacher Weg, zu ihnen zu kommen, ist der Versuch, die regelmäßigen Flächen so zu legen, dass zwischen ihnen eine Lücke entsteht, die geschlossen werden kann, indem sie eine Raumecke bilden. Die einfachste Fläche ist das gleichseitige Dreieck. Es braucht mindestens drei Dreiecke, um eine Raumecke zu bauen – das Tetraeder entsteht (Abb. oben links).

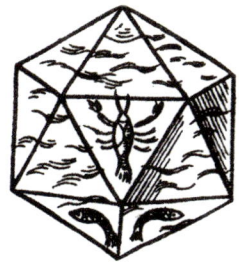

Wie bei allen platonischen Körpern gleichen sich alle Raum-
ecken eines Körpers. Unternimmt man den gleichen Versuch
mit vier Dreiecken, entsteht das Oktaeder, bei dem in jeder
Spitze vier Dreiecke zusammenkommen (Abb. S. 72 Mitte).

Auch die Zahl Fünf bietet eine Lücke zwischen den Dreiecken. Es entsteht der erste neue Körper, dem wir noch nicht
begegnet sind (Abb. oben rechts). Das Ikosaeder besteht aus
zwanzig Dreiecken und ist benannt nach der griechischen
Vorsilbe »Ikosa-« für die Zahl Zwanzig. Wenn wir versuchen,
sechs gleichseitige Dreiecke zusammenzulegen, entsteht ein
Sechseck, das keine Lücke mehr frei hat, um die Dreiecke in
den Raum zu heben. Wir haben alle Möglichkeiten erschöpft,
mit Dreiecken einen Körper zu bauen.

Mit der nächstgrößeren Fläche, dem Quadrat, können wir
wieder versuchen, einen Körper zu bauen. Beginnen wir mit
drei Quadraten, in Form eines »L« zusammengelegt, bleibt
genug Platz, um die beiden Kanten zusammenzukleben. Es

entsteht ein Würfel (Abb. S. 72 rechts), wie er uns schon beim Ei des Lebens begegnet ist. Vier Quadrate jedoch lassen sich nur zu einem größeren Quadrat zusammenlegen, das wiederum keine Lücke besitzt. Es gibt also bloß einen Körper, der ausschließlich aus Quadraten besteht.

Das Fünfeck bietet die letzte Möglichkeit (Abb. S. 73 links). Drei Fünfecke aneinandergelegt ergeben einen kleinen Winkel als Lücke, der es unmöglich macht, eine Fläche sauber mit ihnen zu bedecken. Die Lücke ist aber gerade richtig, um eine Raumecke zu ergeben. Zwölf Fünfecke formen sich zum letzten der platonischen Körper, dem Dodekaeder.

Damit sind alle Varianten ausgenutzt. Wie bei einer Bienenwabe schließt das Sechseck die Ebene ab und lässt keinen Platz, um sich in den Raum zu erheben.

Aus dieser Herleitung ergibt sich, dass die platonischen Körper eine einfache Folge der Gesetze der Mathematik sind. Dennoch haben die Körper eine ganze Bandbreite an Eigenschaften. Wenn man sich diese fünf Formen ansieht und in ihre Eigenschaften einfühlt, kann man sehr schnell einen Bezug zu ihren Formenergien bekommen. In der griechischen Philosophie ging man von fünf Grundkräften der Welt, den Elementen Feuer, Erde, Wasser, Luft sowie dem seltener aufgeführten fünften Element des Kosmos, aus. Dieses fünfte Element ist die Lebenskraft, der Äther oder die Liebe. Schon Platon ordnete die fünf platonischen Körper diesen Elementen zu.

Betrachtet man das Tetraeder, ist dies der Körper mit den spitzesten Ecken und den wenigsten Flächen, der in seiner Form nach oben zu streben scheint. Der Würfel dagegen, der nur aus rechten Winkeln besteht, hat eine sehr erdige, stabile Erscheinung. So führt das Tetraeder zur Qualität des Feuers. Der stabile Würfel wird der Erde zugeordnet. Beim Oktaeder scheint es, dass es sich am wohlsten fühlt, wenn es aufrecht steht, so wie wir es am Anfang erlebt haben, als es sich aus den sechs Raumrichtungen entwickelt hat. Das Oktaeder ist der Luft zugeordnet, wo es sich frei schwebend im Raum ausrichten kann.

Die letzten beiden Körper Ikosaeder und Dodekaeder sind etwas so Besonderes, dass sie uns bisher in der Geometrie noch nicht begegnet sind. Die ersten drei Körper beruhen in ihren Symmetrien eher auf der Grundstruktur des Würfels und der Zahl Vier. Die beiden letzten Körper tragen aber die Zahl Fünf in sich. Die Fünf ist ein Kennzeichen von Formen wie dem Apfel oder einer Blüte, die ein Eigenleben besitzen. In jedem Fünfeck ist immer der Goldene Schnitt enthalten, das Maß, mit dem die Lebensenergie am ehesten in Resonanz geht. Beim Ikosaeder ist das Fünfeck in jeder Spitze zu finden, wo fünf Dreiecke zusammenkommen. Das Ikosaeder wird dem Wasserelement zugeordnet, da seine Form ähnlich einem Wassertropfen ist.

Das Dodekaeder als letzter Körper besteht nur aus Fünfecken. Mit seinen zwölf Flächen steht es in Verbindung zu der Zwölfzahl, die uns oft in tragenden, ordnenden Strukturen wie den Stunden des Tages, den Monaten, den Tierkreiszeichen oder den Aposteln begegnet. Das Dodekaeder wird dem Ätherelement, der Lebenskraft, zugeordnet. Die Beschäftigung mit den geometrischen Grundkörpern ist ein sehr altes Thema, das schon viele Forscher und Mystiker inspiriert hat. Der mittelalterliche Astronom Johannes Kepler baute auf den Beziehungen der Körper untereinander ein Schalenmodell des Weltalls auf. Von ihm sind auch die Zeichnungen überliefert, auf denen er die platonischen Körper mit den jeweiligen Elementen darstellt.

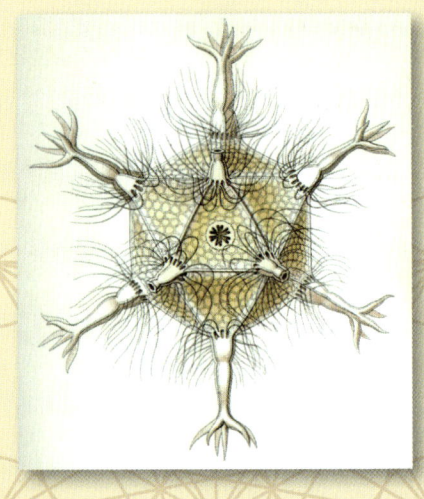

Die platonischen Körper sind nicht nur in der Mathematik oder der Philosophie zu Hause, sie kommen auch sehr häufig in der Natur vor. Sie stellen die Grundbausteine in der

Welt der Kristalle dar. Alle sieben Kristallsysteme leiten sich von den drei Körpern Würfel, Oktaeder und Tetraeder ab. In der Kristallwelt gelten die gleichen Regeln, die auch bestimmen, ob ein Fußboden mit einer bestimmten Fliese gedeckt werden kann. Die einfachsten Formen sind quadratische oder sechseckige Fliesen. Fünfeckige Fliesen aber sind nicht in der Lage, einen Fußboden zu decken. Deswegen tauchen die beiden letzten Körper nicht im Kristallreich auf. Es gibt jedoch wiederum lebendige Virenarten und Plankton, die in der Form des Ikosaeders wachsen (Abb. S. 76).

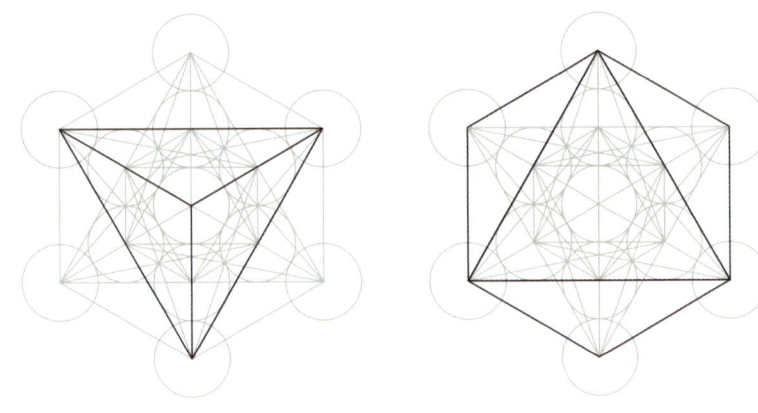

Die Herkunft der Körper

Wir haben das Kapitel mit der Entdeckung der Frucht des Lebens und Metatrons Würfel begonnen. Der Würfel des Metatron war einer der Schlüssel, um verschiedene Informationssysteme aus der Frucht zu gewinnen.

Mit Hilfe der Geometrie ist es nun möglich, die Herkunft der platonischen Körper zu klären. Wir können aus Metatrons Würfel einzelne Linien entfernen und jeden der platonischen Körper erhalten. Die einfachste Form ist dabei der Würfel. Auch das Tetraeder und das Oktaeder sind leicht gefunden.

Etwas schwieriger wird es bei den letzten beiden. Obwohl das Ikosaeder aus Fünfecken und Dreiecken besteht, bietet es in einer Ansicht den Umriss eines Sechsecks, durch den es auch in der Schlüsselzeichnung wieder gefunden werden

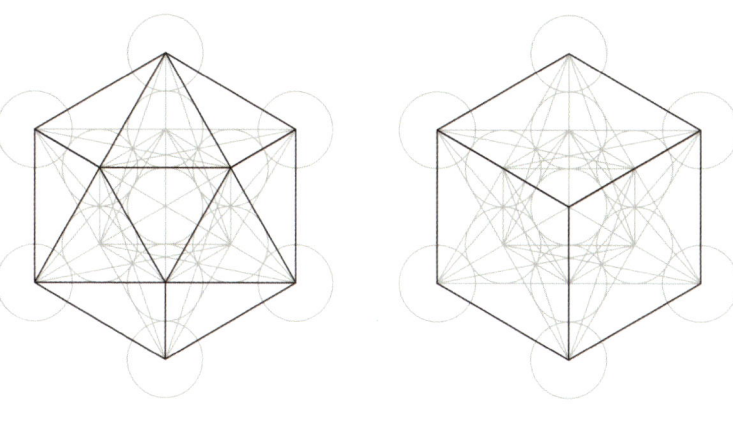

kann. Beim Dodekaeder gibt es die Möglichkeit, auf seine Spitze zu schauen. Dazu müssen aber noch sechs Linien hinzugefügt werden, die ursprünglich nicht in Metatrons Würfel enthalten sind.

Es gibt einen weiteren Schlüssel, den wir jetzt mit der Frucht des Lebens komplettieren können. In der Embryologie haben wir aufgehört, nachdem das neue Leben das Achtzellenstadium erreicht hat. Auch die nächsten Zellteilungen finden innerhalb der Zona Pellucida, der Hülle um das Ei, statt. Zu den ersten acht Zellen kommen acht weitere hinzu, die sich jeweils außen bilden und so die Form eines großen Würfels um den kleinen Würfel bilden (Abb. S. 80 rechts).

In diesem Stadium sind wir alle durch das Bild der Frucht des Lebens und Metatrons Würfel hindurchgegangen. Die Erinnerung daran liegt immer noch in uns. Alle weiteren Zellteilun-

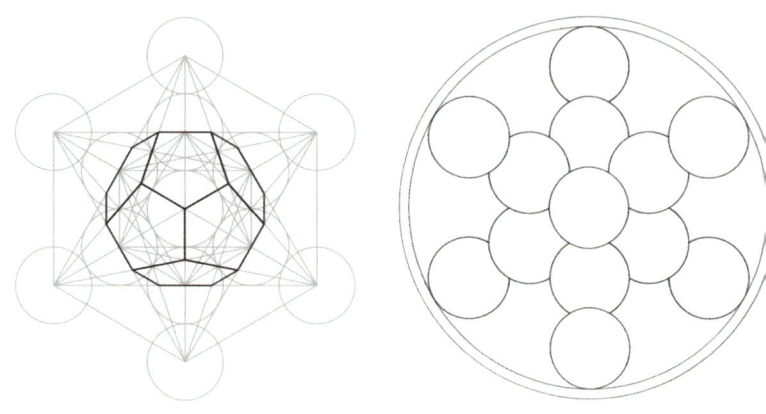

gen gehen nach außen. Die ersten acht Zellen aber bleiben als fester Bestandteil unseres Wesens in der Mitte erhalten und projizieren unsere Geometrie als formgebendes Feld nach außen, in das wir nach und nach hineinwachsen.

6. Der Goldene Schnitt

Jedes Maß in unserem Alltag ist nur ein relatives Maß im Vergleich zu einem anderen. Wer das Geheimnis der Natur verstehen möchte, stolpert irgendwann darüber, dass es scheinbar kein festes Bezugsmaß gibt. Die Natur zeigt einen so gewaltigen Formenreichtum, als würde sie völlig frei schöpfen. In der ganzen natürlichen Formenvielfalt gibt es jedoch ein Verhältnis, eine harmonische Proportion, die sich vom Großen bis ins Kleinste zieht und die deshalb etwas ganz Besonderes ist.

Wenn ich eine Strecke von einem Meter, unsere Gesamtlänge, harmonisch teilen will, brauche ich dafür ein bestimmtes Maß. Trenne ich das Meter nicht mittig, haben die beiden Teilstücke ein anderes Verhältnis zueinander als das der Gleichheit. Wir erhalten neben unserer Gesamtlänge eine kurze und eine lange Strecke. Mit diesen drei Strecken ist es sehr leicht möglich, sie so aufeinander abzustimmen, dass ein selbstähnliches Muster entsteht, wie es in der Natur oft vorkommt. Verglichen mit der kurzen Teilstrecke ist der lange Teil größer. In Bezug auf die Gesamtlänge jedoch kleiner. Wenn wir die Teilung so wählen, dass die kurze zur langen Strecke das gleiche Verhältnis hat wie die lange Strecke zur Gesamtlänge, dann lässt sich diese Proportion beliebig nach innen und nach außen fortsetzen. Es entsteht eine Formdynamik, die in beide Richtungen wirkt. Wird dieses harmonische Maß gefunden oder berechnet, spricht man vom Goldenen Schnitt. Bezogen auf unser Ursprungsmaß von einem Meter liegt der Goldene Schnitt bei 61,8 cm.

Das Verhältnis der langen zur kurzen Strecke wird mit dem griechischen Buchstaben Φ (Phi) bezeichnet. Der Wert von Φ beträgt 1,61803389... Im menschlichen Körper bildet der Nabel dieses Maß oberhalb der Körpermitte ab. Die zweite harmonische Teilung des Körpers liegt dort, wo die Arme frei nach unten hängen und der längste Finger endet. Der ganze Körper ist vom Goldenen Schnitt fraktal bis in die kleinsten Glieder eines Fingers durchzogen, weswegen wir ihn immer wieder als harmonisch empfinden. Der fraktale Mensch, der in seiner Außenhülle als Fünfeck erscheint, wiederholt dieses Muster bis in die äußersten Spitzen der Hände, die aus fünf Fingern bestehen. Selbst unser Kopf, der fünf Öffnungen nach vorn hat, folgt dieser Regel.

In den meisten Fällen, wo sich das Leben zeigt, haben wir es mit einer Fünfzahl zu tun, seien es die Blätter einer Blüte, die Finger unserer Hand oder der Tanz von Venus und Erde umeinander. In jeder Zeichnung eines Fünfeckes mit einem Fünfstern ist der Goldene Schnitt zu entdecken. Auf der waagerechten Linie gibt es eine kurze Strecke in der Mitte und zwei lange links und rechts davon. Diese stehen mit der kurzen im Verhältnis des Goldenen Schnittes zueinander. Vergleichen wir das Verhältnis eines langen Teilstückes mit der Länge einer äußeren Fünfeckseite, ergibt sich ebenfalls das Verhältnis des Goldenen Schnittes. Jeder Fünfstern ist in sich ein kleines Fraktal, in dem sich der Goldene Schnitt unzählige Male wiederholt.

Goldene Teilung

Die Zahl des Goldenen Schnittes, Φ, hat noch einige interessante Eigenschaften. Sie ist eine sogenannte irrationale Zahl, die sich nicht durch einen einzelnen Bruch, eine Ratio, berechnen lässt. Phi hat den Zahlenwert 1,61803389... Bilden wir den Kehrwert, erhalten wir $1/\Phi$ = 0,61803389... Bis auf die erste Stelle sind beide Zahlen exakt gleich. Bilden wir das Quadrat von Φ, erhalten wir Φ^2 = 2,61803389... Seltsam, oder? Obwohl sich Phi nicht in einem Bruch ausdrücken lässt, ist es möglich, diese besondere Zahl in Form eines Kettenbruchs darzustellen. Bei einem Kettenbruch setzt man in den Nenner unter dem Bruchstrich einen weiteren Bruch. Der einfachste aller Kettenbrüche besteht aus lauter Einsen und ähnelt sehr dem Wachstum in der Natur, wo sich ein Maß vom Großen bis zum Kleinen erstreckt. Er führt zu der Zahl Φ.

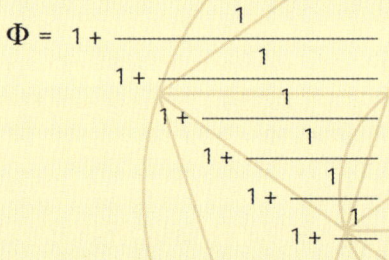

$$\Phi = 1 + \cfrac{1}{1 + \cfrac{1}{1 + \cfrac{1}{1 + \cfrac{1}{1 + \cfrac{1}{1 + \cfrac{1}{\ldots}}}}}}$$

Das könnte einer der Gründe sein, warum die Natur den Goldenen Schnitt so oft verwendet: Er gibt ihr die Möglichkeit, viele Variationen auszuleben und doch nie die Verbindung zur Einheit zu verlieren.

Wie unten

Wie wir gesehen haben, findet sich der Goldene Schnitt auch in unserem Körper wieder, ebenso wie in der Welt der Pflanzen und in der Welt der Tiere. Doch wie sieht es mit den großen und kleinen Maßstäben aus? Da das ganze Universum selbstähnlich ist, lassen sich auf jeder Ebene gleiche oder ähnliche Strukturen finden. Schauen wir also noch einmal in die kleinen Strukturen unseres Körpers hinein, in unsere Zellen. Die DNS in den einzelnen Chromosomen ist ein sehr langes Kettenmolekül, das in einer mehrfach wiederholten Spirale selbstähnlich aufgebaut ist. Bei der Betrachtung dieser Spiralstruktur hat sich herausgestellt, dass das DNS-Molekül einen Durchmesser von 2,1 nm hat und für eine Umdrehung eine Höhe von 34 nm überwindet. Diese beiden Zahlen haben das Verhältnis von einem Zehntel der Zahl Φ zueinander.

So oben

Nach dem Blick ins Kleine werfen wir nun einen Blick in die großen Maßstäbe des Kosmos. In unserem Sonnensystem lässt sich die Entfernung der Erde zur Sonne im Maß des Goldenen Schnittes teilen. Auf dem Maß der kurzen Strecke von der Sonne aus gesehen befindet sich die Mitte der Bahn des Merkurs. In der Bewegung von Venus und Erde um die Sonne entsteht regelmäßig alle acht Jahre ein Fünfeck. Auch in einzelnen Himmelskörpern taucht der Goldene Schnitt auf. So scheint das Ringsystem des Saturns dieser Regel zu gehorchen. Man kann also sagen, dass sich der Goldene Schnitt von den großen Maßstäben bis in die kleinsten Maßstäbe zieht.

Es gibt noch eine Form, in der der Goldene Schnitt auftaucht. Wenn wir eine Spirale betrachten, bei der der Abstand von

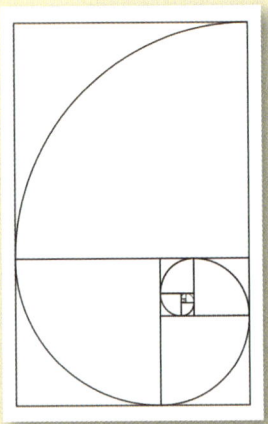

einer Lage zur nächsten exponentiell immer größer wird, spricht man von einer logarithmischen Spirale. Einen Sonderfall dieser logarithmischen Spirale finden wir, wenn wir ein Goldenes Rechteck zeichnen, bei dem die Seiten im Verhältnis des Goldenen Schnittes zueinander stehen. Trennt man von einem Goldenen Rechteck ein Quadrat ab, bleibt ein Goldenes Rechteck übrig. Von diesem lässt sich wieder ein Quadrat abtrennen und es bleibt ebenfalls ein Goldenes Rechteck zurück. Diese Teilung kann beliebig nach innen fortgesetzt werden. Es ist auch möglich, an das ursprüngliche Rechteck ein Quadrat anzufügen, um ein großes Goldenes Rechteck zu erhalten. Wie beim Goldenen Schnitt üblich, geht die Folge unendlich weit nach innen und unendlich weit nach außen. Wenn man jetzt in jedes der Quadrate einen Viertelkreis malt, entsteht eine schöne Annäherung an eine Goldene Spirale, den Sonderfall der logarithmischen Spirale.

Diese Spiralen kommen häufiger vor, als man vielleicht vermutet. In jeder Galaxie und in jedem Tornado folgen die Arme der Mathematik der logarithmischen Spirale. Auch sind die Gehäuse von allen Schnecken und Muscheln ein Abbild derselben.

Fibonacci

Manchmal ist der Goldene Schnitt nicht direkt offen zu sehen, sondern offenbart sich eher im Verborgenen. Ein Beispiel dafür ist die Fortpflanzung im Reich der Bienen.

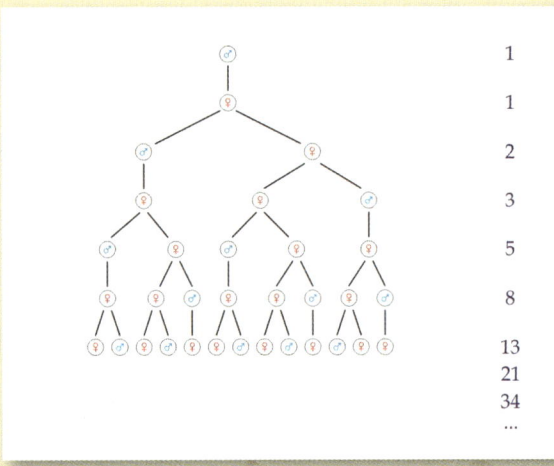

Innerhalb eines Bienenstaates legt die Königin ihre Eier in den Waben ab. Wenn ein solches Ei befruchtet wird, wächst daraus wieder eine weibliche Biene. Wird das Ei nicht befruchtet, entsteht eine männliche Arbeitsbiene, die auch Drohne genannt wird. Daraus ergibt sich obiger Stammbaum, der die Vorfahren einer Arbeitsbiene anzeigt. Die Drohne hat nur ein Weibchen als Vorfahren. Dieses Weibchen konnte aber nur entstehen, weil beide Geschlechter bei ihrer Befruchtung beteiligt waren. Das Weibchen hat somit für sich gesehen zwei Eltern und drei Großeltern. Auf der Ebene der Großeltern gibt es eine Drohne und zwei Weibchen. Auf der Ebene der Urgroßeltern sind es dann schon fünf: drei Weibchen und zwei Männchen. Was auf den ersten Blick vielleicht kompliziert erscheint, ist eine ganz einfache Zahlenfolge.

Wir zählen pro Generation 1, 1, 2, 3, 5, 8, 13, 21 ... Was ist das Geheimnis hinter diesen Zahlen? Jede Zahl ist die Summe ihrer beiden Vorgänger. 1+1=2 ; 1+2=3 ; 2+3=5 ; 3+5=8 usw. Diese mathematische Folge ist nach dem italienischen Mathematiker Fibonacci benannt, der um 1200 in Italien lebte. Er veröffentlichte ein Mathematikbuch, in dem er diese Zahlenfolge vorstellte; es gehört ohne Zweifel zu den bedeutendsten für unsere Kultur.

Die Fibonacci-Zahlen wären nicht so bekannt, kämen sie nicht so oft in der Natur vor und hätten sie nicht einen handfesten Bezug zur Mathematik des Goldenen Schnittes. Bestimmen wir das Verhältnis von zwei Zahlen, die aufeinander folgen, erhalten wir eine Folge von Zahlen, die sich sehr schnell einer besonderen Zahl annähern. Eins zu eins ergibt eins. Zwei zu eins ist zwei. Drei zu zwei ist gleich 1,5; 5/3=1,666..., 8/5=1,6, 13/8=1,625 und so weiter. Zwei Dinge passieren hier. Zum Ersten pendelt das Ergebnis um eine bestimmte Zahl, zum Zweiten wird diese Pendelweite immer kleiner. Die Zahl, zu der die Fibonacci-Folge hinführt, ist die Zahl Φ, die das Verhältnis des Goldenen Schnittes ausmacht.

Mit dieser Form der Mathematik in der Natur haben wir nun die Möglichkeit, das Pflanzenwachstum neu zu betrachten. Neben dem Wachstum in der Geometrie des Lichtes gibt es noch eine weitere Form in der Pflanzenwelt.

Betrachten wir beispielsweise einen Tannenzapfen, wird sichtbar, dass die Anordnung der einzelnen Schuppen aus scheinbar zwei Spiralen besteht (Abb. oben links). Beide Windungen laufen in entgegengesetzte Richtungen. Schaut man dabei auf den Anstieg von einer Stufe zur nächsten, so ist eine Spirale flach und die andere steil.

Genau wie bei einer Sonnenblume ist die Anzahl der Kapseln auf einer Spirale für unsere Betrachtung entscheidend. Manchmal sind es direkte Fibonacci-Zahlen, meist etwas davon abweichende, die aber dafür im Verhältnis des Goldenen Schnittes zueinander stehen.

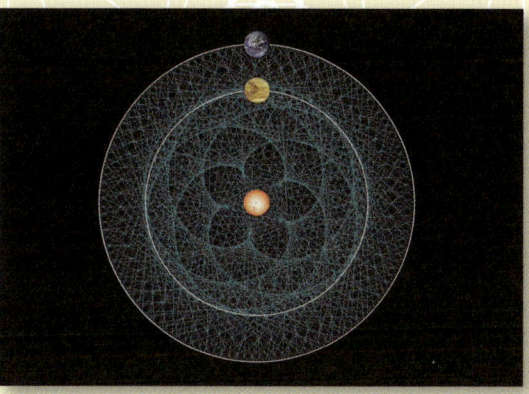

Schon im ersten Schritt bei der Entstehung der Fischblase wurde durch das Bewusstsein der Goldene Schnitt als das Maß festgelegt, durch das die Schöpfung in Resonanz mit der Urenergie gehen kann. Ähnlich wie bei der Quadratur des Kreises, die zwar als »göttliches« Ideal existiert, hier aber nicht umgesetzt werden kann, lässt sich der Goldene Schnitt nicht immer in der lebendigen Natur darstellen. Wenn wir die Schneckenhäuser mit der Goldenen Spirale vergleichen, tritt ein Problem auf. Eine ideale Goldene Spirale geht unendlich weit hinein und unendlich weit hinaus. Die Spirale einer Schnecke nach innen stößt irgendwann an eine Grenze, wenn wir auf die Größe der Zelle oder der einzelnen Moleküle gesunken sind. Wir können diese Bausteine nicht immer nach den Regeln der harmonischen Teilung anordnen. Lassen wir aber ein Lebewesen nach den Regeln der Fibonacci-Folge von innen nach außen entstehen, ist eine Lösung möglich: Eine Zelle. Noch eine Zelle. Dann zwei Zellen. Dann drei

Zellen, dann fünf Zellen etc. Wie wir oben gesehen haben, finden diese Zahlen sehr schnell zum Idealmaß, dem Goldenen Schnitt. In der Größe, die eine Schnecke besitzt, ist ein Unterschied zwischen Fibonacci und Goldener Spirale kaum noch auszumachen.

Ein besonders schönes Beispiel für diese Goldene Folge ist eine Gemüsekohlart, die Romanesco heißt (Abb. S. 90/91 Mitte). Bei ihm sammeln sich die einzelnen Blütenstände zu kleinen Kegeln, die in gegenläufigen Spiralen angeordnet sind. In jedem Kegel sind die Blütenstände wiederum in gegenläufigen Fibonacci-Spiralen sortiert. Beim Romanesco auf dem Foto ließen sich die Spiralen bis auf die vierte Unterebene fotografieren.

Doch nicht nur Pflanzen nutzen die Fibonacci-Reihe, auch die Venusblume zwischen Erde und Venus entsteht aus ihr (Abb. S. 91 rechts). Die beiden Planeten brauchen acht Jahre, um sie zu vollenden und sich an der gleichen Stelle zu treffen. Da die Venus eine kleinere Bahn hat und schneller läuft, dreht die Venus in dieser Zeit dreizehn Runden um die Sonne. Zwei Fibonacci-Zahlen. Die Differenz aus dreizehn und acht ist fünf – das Fünfeck, welches wir in der Zeichnung sehen.

Der Fibonacci-Mensch

Neben dem Pflanzenreich und dem Kosmos ist die Geometrie der Fibonacci-Zahlen auch in uns angelegt. Die Spiralform der DNS besteht aus zehn Bausteinen pro Umdrehung der Spirale. Die Schnittansicht ist so ein Zehneck. Der Durchmesser der Spirale beträgt 2,1 nm, die Höhe 34 nm. Dies entspricht den beiden nächsten Zahlen der Fibonacci-Folge nach der 13, nämlich 13 + 21 = 34 ...

Doch auch in den größeren Maßstäben des Körpers taucht dieses Wissen auf: Die Ohren, mit denen wir in die Welt hören, haben außen eine Ohrmuschel und innen eine Hörschnecke, die eine Goldene Spirale ist. Unsere Lunge besteht aus zwei Flügeln. Der linke Flügel ist deutlich sichtbar in zwei Lappen, der rechte Flügel in drei Lappen unterteilt.

Wenn ein Kind wächst und das erste Gebiss erschienen ist, hat es zwanzig Zähne. Mit dem Zahnwechsel erweitert sich die Anzahl der Zähne von fünf auf acht pro Quadrant, wie in der Fibonacci-Folge.

Es gibt ein indisches Sprichwort, mit dem ich als Einladung zur Meditation das Kapitel schließen möchte:

»Gott schläft im Stein,
atmet in der Pflanze,
träumt im Tier
und erwacht im Menschen.«

Die Geometrie der Pflanzen lebt immer noch in uns. Wir Menschen tragen die einzelnen Stufen der Entwicklung in unserem Wesen: die Welt der Kristalle in den Knochen, die Pflanzen in den Lymphen und im Wachstum, das Tierische im Blut und das Menschliche im Herzen und im Bewusstsein.

7. Ein unendliches Blumennetz
und die Mer-Ka-Ba

Wir sind am Ende unserer kleinen Reise in die Blume des Lebens und die Sprache der Heiligen Geometrie angelangt. Begonnen haben wir mit dem ägyptischen Gott Thot, der Drunvalo mit dem Wissen der ägyptischen Mysterienschule vertraut machte. Über diesen Weg ist die Blume des Lebens wieder an die Oberfläche des Bewusstseins der heutigen Menschheit getragen worden. Mit den Schlüsseln, die in der Blume des Lebens enthalten sind, konnten wir schrittweise verschiedene Ebenen der Realität entschlüsseln. Nun ist es an der Zeit, dieses Wissen zusammenzufassen.

Neben dem modernen Wissen gibt es auch Überlieferungen, die auf den historischen Thot oder Hermes Trismegistos, wie er bei den Griechen genannt wurde, zurückgeführt werden. In der mittelalterlichen Hermetik sprach man von den hermetischen Gesetzen, die den Aufbau des Universums beschreiben. Das bekannteste dieser Gesetze ist die Regel, dass das Große dem Kleinen gleich ist. Am Beispiel des Torus ist erkennbar, wie das kleine Magnetfeld das gleiche ist wie das große eines Planeten oder des ganzen Sonnensystems. Das Ei des Lebens beschreibt das Zellwachstum im Embryo ebenso wie die Gesetze der Musik und der Farben.

Doch nach den Gesetzen des Hermes ist das Innere auch gleich dem Äußeren. Wenn wir ein Fünfeck betrachten, befindet sich darin ein Fünfstern, und in der Mitte dieses Fünfsterns liegt wieder ein kleines Fünfeck. Wir kennen jetzt das geometrische Bewegungsmuster im Inneren eines Torus. Es beschreibt den Aufbau eines Sonnensystems genauso wie das Innere eines Apfels. Auf eine Art ähneln die Organe, die durch das Herz mit Blut versorgt werden, den Planeten, die die Sonne umkreisen.

Vom ersten Kreis ausgehend, entwickelt sich das Muster der Schöpfung immer weiter nach außen. Die erste Umdrehung führt zum Genesismuster. Durch dieses Muster entsteht das erste Symbol, ein Kreis mit den sechs Blütenblättern, manchmal als Blume der Aphrodite bezeichnet. Laut Lexikon des geheimen Wissens der Frauen wird dieses Symbol auf Amuletten in Arabien und Nordafrika während der Schwangerschaft getragen. Die Rune, die diesem Symbol entspricht, die Hagalrune mit den sechs Strahlen, wird als die wichtigste betrachtet.

Mit der nächsten Umdrehung entsteht das Ei des Lebens. Die dritte Umdrehung enthält alle vollständigen Kreise, die die Blume des Lebens ausmachen. Die vierte Umdrehung führt zur Saat des Lebens und die fünfte zu Blume und Frucht. Damit ist der Rahmen unseres Universums abgesteckt. Die Blume des Lebens mit allen vollständigen Kreisen aus der dritten Umdrehung liegt in der Mitte und bildet das Bindeglied, das das Große und das Kleine zusammenhält. Einerseits liegt in ihrer Mitte der erste Kreis, andererseits brauchen wir die fünfte Umdrehung, um die Blume vollständig zeichnen zu können.

Nehmen wir jetzt noch einmal die Blume des Lebens zur Hand und konzentrieren uns auf die sieben Kreise, die in dem

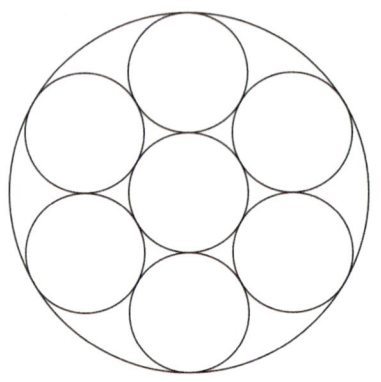 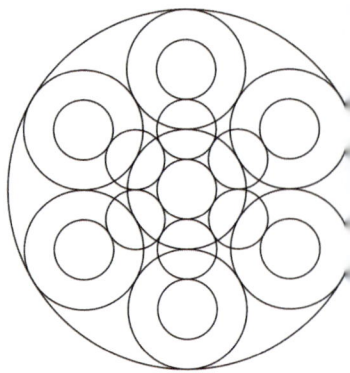

großen Kreis liegen (Abb. oben links). Zeichnen wir entlang den sechs Richtungen kleine Kreise mit dem halben Durchmesser, sehen wir, wie in der Blume des Lebens bereits die Frucht des Lebens enthalten ist (Abb. oben rechts).

Aufbauend auf dieser Geometrie können wir die nächste Frucht hineinschachteln. Dabei hat sich unser Maßstab bereits so verändert, dass wir sehen können, wie von jedem der sieben Kreise kleinere Früchte ausgehen. Auch von diesen Früchten gehen wieder kleinere Früchte ab.

Wenn wir uns in Erinnerung rufen, dass die Frucht des Lebens direkt mit Metatrons Würfel verbunden ist und, wie bei der Zellteilung gesehen, aus zwei ineinander geschachtelten Würfeln besteht, entfaltet sich ein großes Netz von miteinander verwobenen Blumen. Ähnlich wie in einem Ornament aus unendlich vielen Würfeln ist der Raum geschachtelt. Da-

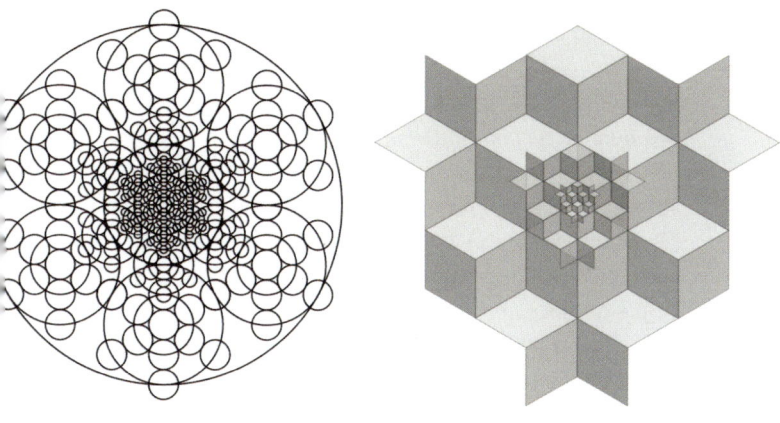

bei sind mehrere schwingende Würfelnetze ineinander ge-
webt und durchdringen sich (Abb. oben).

Es ist der leise Ton, der in der Meditation gehört werden kann,
oder der Urlaut Om, von dem die alten Schriften berichten.
Dieses unendlich verwobene Netz besteht aus großen Strukturen, die den Gesamtrahmen des Universums aufspannen,
und kleineren Untereinheiten, die sich an einzelnen Knoten-
punkten aufbauen können.

So, wie wir in die Blume des Lebens hineinzoomen konnten,
verdichtet sich das Universum an manchen Stellen zu Galaxi-
en, darin wieder zu Sternen und Sternsystemen, zu Planeten,
Monden und Lebewesen auf den Planeten.

In diesem Bild ist die Verbindung zur Urquelle an jeder Stelle
offen zur Einstimmung auf den Urton und die Kommunika-

tion mit dem Universum und damit unabhängig von Religionen oder sonstigen Mittlern.

So, wie wir die Blume nach innen geschachtelt haben, wird die Blume noch von zwei großen Kreisen umgeben. Der innere umfasst die ersten sieben Kreise. Er ist damit aber der Kern eines größeren Musters. Dieser Kern wird wieder umgeben von sechs Kreisen gleicher Größe, die den Kern und sich selber berühren und wiederum zu einer großen Frucht des Lebens gehören. Alle geometrischen Zeichnungen sind somit Tore in die große und in die kleine Unendlichkeit hinein.

Wahrnehmung

Es gibt einen inneren Zusammenhang zwischen einfacher Geometrie und der erfahrenen Realität. Obwohl wir alle über die gleichen Wahrnehmungen sprechen, beispielsweise die Schönheit einer Blume, ist das Aussehen einer Farbe etwas, das nur in uns selbst stattfindet. Die ganze Welt, die wir sehen, ist eine Illusion. Im Kern sind wir alle reines Bewusstsein, das sich entschieden hat, sich ein Stück weit zu lösen von der Quelle, um aus der Perspektive des Getrenntseins die Schöpfung zu erfahren. Dabei hilft das geometrische Gitternetz im Hintergrund. Alle Kreise, die wir gezeichnet haben, sind nur Wellen des Bewusstseins, die ein Muster aufspannen, in dem wir uns frei bewegen können. Wenn wir uns ein Fernsehbild ansehen, staunen wir manchmal über die schönen Landschaften und Eindrücke. Wenn wir jedoch ganz nah herangehen oder vielleicht sogar eine Lupe zur Hand nehmen, ist zu sehen, dass die Landschaften nur Illusion sind und das eigentliche Bild aus einer rechteckigen Matrix von roten, grünen und blauen Punkten besteht. Aus dieser Matrix werden dann verschiedene Muster hervorgeholt, um uns den Eindruck eines Bildes zu vermitteln. Ähnlich diesem Bild schauen wir ständig auf das Hintergrundgitternetz und interpretieren die Wellen darin als Farben, Formen und Muster. Dabei sind wir selbst das Bewusstsein, das diese Wellen hervorbringt. Wir selbst sind Regisseur, Drehbuchautor, Projektor, Beobachter und Zuschauer in einem. Es liegt nun an uns, dies bewusst und von Herzen zu tun, denn im Herzen sind wir alle eins mit dem Urbewusstsein.

Wenn die Realität entstanden ist aus einem geometrischen Gitternetz, das sich überall befindet und sich unendlich weit hineinschachtelt, ist es vielleicht gar kein Wunder, dass dieses Wissen existiert und überlebt hat. Als das eine Bewusstsein sich heruntergefaltet hat in ein unendliches Blumenmuster, blieben an allen Ebenen und Dimensionen Wesenheiten als Wächter stehen. Sie passten auf, dass nur diejenigen den Weg zurück nach Hause gehen konnten, die reif genug waren. Gleichzeitig bewahrten sie das Wissen für die Sucher, die diesen Weg aus reinem Herzen suchten. Es gab zu allen Zeiten Begleiter der Menschheit, die für die Suchenden da waren und sie eingeweiht haben in höheres Wissen. So finden wir in der Bibel die Geschichte von Abram, der mit Melchizedek zusammentrifft und mit ihm Brot und Wein teilt. Das Brot, der Leib, steht dabei für die materiellen Bilder, die das Wissen übermitteln, und der Wein für den Geist, die spirituelle Auslegung der Bilder. Nach dieser Begegnung darf Abram sich in Zukunft Abraham nennen, wobei der Buchstabe h für den göttlichen Hauch steht, der in ihn wieder eingekehrt ist.

Eine relativ bekannte Abbildung der Blume des Lebens befindet sich auf der Insel Kreta im Kloster Preveli. Dort gibt es eine Ahnentafel der Äbte des Klosters. Von 1817 bis 1823 stand ein Abt mit dem Namen Melchizedek an der Spitze des Klosters. Wir wissen nicht, wie die Blume des Lebens dorthin gekommen ist, es scheint jedoch, als sei dies einer der Orte, wo der Wissensstrom an die Oberfläche getreten ist, so wie vielleicht mit dem Auftauchen von Drunvalo Melchizedek und Thot ein neuerer Quell entsprungen ist.

Zwei Kreise

Es bleibt noch ein Rätsel zum Schluss zu lösen. Die Blume des Lebens in Kreta, in Abydos in Ägypten und an vielen anderen Orten der Welt wird immer von zwei Kreisen umgeben. Der innere umfasst die neunzehn vollständigen Kreise der dritten Umdrehung, doch was ist das Maß des zweiten Kreises?

Weiter oben haben wir gesagt, dass der Abstand der beiden Kreise in etwa dem Maß der Zona Pellucida entspricht, der Hülle um die erste Eizelle. Das wichtigste Stadium der Zellteilung war das Stadium der acht Zellen, der Umkehrpunkt, wo alle Zellen noch gleich sind und das Wesen beginnt, nach außen zu wachsen. Eine Ansicht von diesem Würfel aus acht Kugeln ist der Blick auf eine Fläche, bei dem ein Quadrat aus vier Kugeln sichtbar wird. Um diese vier Kugeln lässt sich ein Kreis zeichnen, der alle Kugeln berührt. Zu dem Quadrat, das die Kugeln umfasst, gibt es nun einen etwas größeren Kreis, der genau den gleichen Umfang wie das Quadrat hat. Diese Quadratur des Kreises ist eines der drei alten Rätsel der Mathematik. Es ist mit den klassischen Werkzeugen der Heiligen Geometrie nicht lösbar.

Die perfekte Harmonie von Kreis und Quadrat ist auch Verbindung und Ausgleich von männlicher und weiblicher Qualität im Universum. In der Geometrie um die Blume des Lebens scheint es mehr um die Suche nach dem gleichen Umfang als um die Suche nach der gleichen Fläche von Kreis und Quadrat zu gehen. Der Kreis um die ersten acht Zellen und der Kreis, der den gleichen Umfang hat wie das Quadrat, bilden die beiden Kreise, die die Blume des Lebens umgeben.

Der Goldene Kreis

Um mit Hilfe der Heiligen Geometrie zu einer Näherungslösung der Quadratur des Kreises zu gelangen, schauen wir auf ein Gebäude, das beinahe als Sinnbild für die Heilige Geometrie gelten kann. Die gesamte Konstruktion der Großen Pyramide von Gizeh deutet darauf hin, dass sie nie dafür gedacht war, nur als Grabmal zu dienen. Obwohl die Seiten der Pyramide ganz leicht nach innen gefaltet sind, kann man den Grundriss doch als großes Quadrat auffassen. Die Höhe der Pyramide ist der Radius eines Kreises, der den gleichen Umfang hat wie die Basis der Pyramide. Die Große Pyramide ist somit nach dem Prinzip der Umfangsgleichheit gebaut (Abb. unten).

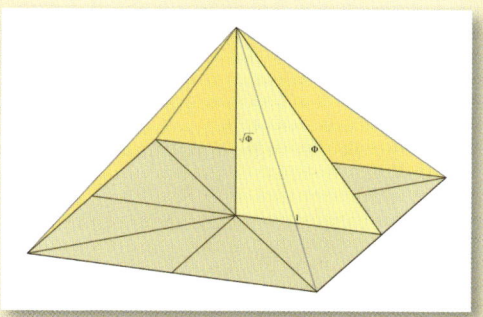

Die Umfangsgleichheit der Großen Pyramide ist mit Zirkel und Lineal nicht konstruierbar, es gibt aber eine interessante Annäherung von Quadratur und Goldenem Schnitt. Im Höhendreieck der Pyramide ist die Basis die halbe Kantenlänge der Pyramidengrundfläche. Für dieses Maß gibt es eine Verlängerung des Goldenen Schnittes. Dieses Φ entspricht im Höhendreieck der schrägen Seite und damit der Höhe der Seitenfläche der Pyramide. Die Höhe der Pyramide entspricht dann $\sqrt{\Phi}$.

Diese Näherung der Quadratur ist mit 0,09 % Abweichung genauer, als wir sie je mit einem realen Zirkel und Lineal konstruieren könnten. Bezogen auf die Höhe der Pyramide mit 146,59 m beträgt der Unterschied zwischen Ideal und Konstruktion 14 cm, was tatsächlich eine sehr gute Annäherung an das harmonische Maß von Kreis und Quadrat ist. Damit ist sichtbar, dass der Goldene Schnitt auch ein Teil der Großen Pyramide ist.

In Leonardos Proportionsdarstellung (Abb. S. 103) ist zu erkennen, wie die Armspannweite gleich der Körpergröße ist. Das Quadrat, das Leonardo gezeichnet hat, ist die Vorderansicht eines größeren Würfels, der aus der Körpermitte von den ersten acht Zellen nach außen projiziert wird. Wenn wir unseren Arm so weit nach oben halten, wie es geht, entspricht das Maß vom längsten Finger bis zum Boden dem Durchmesser des umfangsgleichen Kreises zum Leonardo-Quadrat um Körpergröße und Arme.

Doch wir haben nicht nur das Maß der Großen Pyramide von Gizeh in uns, sondern auch das ganze Sonnensystem. Zeichnen wir nun eine Kugel von dem obersten Finger bis

zum Scheitel und eine Kugel von Scheitel bis zur Sohle, die in das Quadrat passt, haben beide zusammen das Maß des umfangsgleichen Kreises. Die Höhen der großen und der kleinen Kugel verhalten sich zueinander, wie die Größen von Mond und Erde. Somit haben wir die Quadratur des Kreises in uns eingebaut und damit den Schlüssel zu allen Ebenen des Universums und der Blume des Lebens.

*Die Blume des Lebens
lebt tatsächlich in dir.*

Literaturhinweise

Beutel, Andreas:
Die Blume des Lebens und der Quantenraum (DVD)
KOHA Verlag

Beutel, Andreas:
Die harmonische Ordnung des Universums (DVD)
KOHA Verlag

Krüger, Wilfried:
Die Atom-Harmonik
Synergia

Melchizedek, Drunvalo:
Die Blume des Lebens
KOHA Verlag

Melchizedek, Drunvalo:
Die Blume des Lebens. Band 2
KOHA Verlag

Schneider, Michael S.:
The Beginner's Guide to Constructing the Universe
Harper Perennial

Schönberger, Martin:
Verborgener Schlüssel zum Leben
O.W. Barth Verlag

Unbekannt:
Das Kybalion
Verschiedene Auflagen

Wichtiger Hinweis

Die im Buch veröffentlichten Empfehlungen wurden von Verfasser und Verlag sorgfältig erarbeitet und geprüft. Eine Garantie kann dennoch nicht übernommen werden. Ebenso ist die Haftung des Verfassers bzw. des Verlages und seiner Beauftragten für Personen-, Sach- und Vermögensschäden ausgeschlossen.

© KOHA-Verlag GmbH Burgrain
Alle Rechte vorbehalten
4. Auflage 2015

Bildnachweis:
• Andreas Geßner – S. 7, 12, 13
• Drunvalo Melchizedek, privat – S. 14
• Roberto Enderwitz – S. 59 • Reiner Rosenfeld – S. 61
• J. W. von Goethe – S. 56 rechts • Ernst Haeckel – S. 76
• NASA – S. 87 • Rasmus Gaupp-Berghausen – S. 95
• Andreas Beutel – Alle weiteren Fotos und Grafiken

Cover: Sabine Dunst/Guter Punkt, München

Lektorat: Maria Müller
Layout: Birgit-Inga Weber
Gesamtherstellung: Karin Schnellbach
Druck: Finidr, Tschechien
ISBN 978-3-86728-203-1

Der Autor

Andreas Beutel beschäftigt sich seit vielen Jahren mit der Heiligen Geometrie, Meditation und Emotionalarbeit, um das Bewusstsein der Menschen wieder mit einer höheren Realität auszusöhnen. Dabei helfen Erkenntnisse aus der Wissenschaft, die eine anschauliche Brücke bauen. Er hat mehrere Bücher und DVDs veröffentlicht und hält zahlreiche Vorträge zum Thema.
www.pythagoras-institut.de

Andreas Beutel
Die »Blume des Lebens« und der Quantenraum
Eine Einführung in die Heilige Geometrie

€ [D] 14,99
DVD Single Disc, Sprache: Deutsch
Lauflänge 108 min + Bonus
ISBN 978-3-86728-167-6

Die »Blume des Lebens« ist ein uraltes Symbol aus der Geometrie des Universums – der heiligen Geometrie. In ihr sind der Beginn, der Aufbau und die Informationswege der gesamten Realität beschrieben. Die Präsentation entführt Sie auf eine Reise durch unsere Geschichte und in ein fein gesponnenes Netz aus Schwingung, Information und Energie im Hintergrund unserer Welt. Spielerisch lernen Sie einzelne Bausteine der heiligen Geometrie kennen, die sich in der Formensprache der Natur – vom kleinsten Atom über den Bau des Menschen bis hin zur größten Galaxie – offenbart. Dabei werden Sie wieder eine tiefe Verbundenheit mit dem Universum spüren.

Andreas Beutel
Erinnerungen an den Traum des Herzens
Schwingungen im Quantenraum

DVD, 90 min.
€ [D/A] 14,99
ISBN 978-3-86728-290-1

In der Mitte unseres Herzens befindet sich ein wundervolles
Geheimnis: Das Wissen um diesen kleinen Raum, der das
gesamte Universum enthält, wurde über die Jahrtausende
nur im Verborgenen weitergegeben und im Geheimen gelehrt. Scheinbar konnte es so gehütet werden, um jetzt der
Menschheit in einer Zeit großer Herausforderungen wieder
offenbart zu werden. Dieser Herzensraum ist für jeden Menschen leicht erreichbar.
Der Vortrag bietet einen tief berührenden Einblick in die
eigentliche Quelle des Bewusstseins, die Geometrie der
Blume des Lebens und die gesamte Schöpfung.